礼赢天下：中华与世界礼仪全览

名家手笔，打造最权威的礼仪百科！
深入浅出，成就举手投足间的魅力！

公关礼仪是有关企事业单位的公关人员在公共活动中应当遵守的行为规范。公关礼仪反映着公关人员的精神面貌和文化修养，对于塑造企事业单位的良好形象和信誉、拓展企事业单位的业务都起着重要作用。本书全面介绍了公关人员的言行举止、语言沟通的礼仪规范，介绍了公关人员拜访接待、宴请宾客、举办会议、媒体沟通、文书广告、娱乐活动等各个方面的礼仪要求。为公关人员在公关活动中提供了实用性强的礼仪知识手册。

公关礼仪

舒静庐 主编

PUBLIC RELATIONS ETIQUETTE

羡慕别人有魅力？
《中华与世界礼仪全览》祝你一臂之力！

涵盖日常、商务、职场方方面面，高端大气上档次的礼仪百科！

以礼赢人心，以礼赢天下，展中华之传统，扬世界之精华

《中华与世界礼仪全览》让你一览礼仪之天下

 上海三联书店

图书在版编目（CIP）数据

公关礼仪/舒静庐主编.—上海：
上海三联书店，2014.7
ISBN 978-7-5426-4845-7

Ⅰ.①公… Ⅱ.①舒… Ⅲ.①公共关系学—礼仪
Ⅳ.①C912.3
中国版本图书馆 CIP 数据核字（2014）第 144081 号

公关礼仪

主　　编／舒静庐
责任编辑／陈启甸
特约编辑／田凤兰　袁　梅
监　　制／吴　昊
出版发行／上海三联书店
　　　　　（201199）中国上海市都市路 4855 号 2 座 10 楼
　　　　　http：//www.sjpc1932.com
印　　刷／三河市天润建兴印务有限公司
版　　次／2014 年 9 月第 1 版
印　　次／2014 年 9 月第 1 次印刷
开　　本／787×1092　1/16
字　　数／225 千字
印　　张／15.75

ISBN 978-7-5426-4845-7/G.1341

定　价：26.00 元

❋ 第四章　举办各类庆典礼仪 ❋

❀ 第五章　举行各类公关会议的礼仪 ❀

❋ 第六章　与新闻媒体沟通合作的礼仪 ❋

❈ 第七章　中西式宴请的礼仪 ❈

公
关
礼
仪

❋ 第八章　馈赠礼品与送花的礼仪 ❋

一、馈赠礼品的礼仪

二、送花的礼仪

公
关
礼
仪

公关礼仪概述

我国是一个文明古国，礼仪文化渊远流长，素有"礼仪之邦"的美称。早在两千多年以前，先人们就对礼仪的作用作过许多重要的论述。"不学礼，无以立"，人无礼则不生，事无礼则不成，国无礼则不宁"。新加坡前总理李光耀也曾指出：文明礼貌能导致良好的人际关系，又是促进生产力的重要因素。这些精辟的论述，把礼仪在治国安邦、成就事业、个人生存发展中的作用揭示得淋漓尽致。礼仪无论是在公共关系中，还是在人际关系中都具有重要作用。

一、 公关礼仪的涵义、特征与本质

1. 公关礼仪是公关活动的规范程序

所谓公关礼仪，是指社会组织的公共关系工作人员或其他人员在公共关系活动中，为了树立和维护组织的良佳形象，建构组织与内外公众和谐合意的理想型关系所应当遵循的尊重公众，讲究礼貌、礼节，注重仪表、仪容、仪态、仪式等的规范或程序。**公关礼仪是公共关系从业人员精神风貌、素质水准的集中体现。**

◇ 公关礼仪的主体是社会组织，客体是社会公众

组织的公共关系人员代表组织处理内外公众的关系，他们是从事公共关系活动的现实主体。组织的领导人及组织内部的员工在组织与外部公众的公共关系活动中，依据公共关系动力来自上层的原则和全员 PR 的原则，构成重点主体与一般主体，他们的言行举止、风度仪表均需遵循礼仪的要求。社会公众作为主体作用的对象，在公共关系礼仪形成及施与过程中，既接受礼仪又反馈并创造礼仪，成为公关人员礼仪的作用对象，同时又以自己的礼仪反作用于公关人员的礼仪，参与公关礼仪的往来授受，他们的礼仪亦具有公关礼仪的意蕴。

◇ 公关礼仪的目的是内求团结，外求发展，塑造良佳的组织形象

所谓组织形象就是公众对组织行为的整体评价和看法，是组织行为及其文化在公众心目中的投射。组织形象的建树与维护，总是离不开公共关系礼仪的滋润与化育。实际上，公关礼仪不仅是促成组织形象定位与升华的有效手段，而且本身即是一种目的化的组织形象。讲求公关即是注重组织形象。

◇ 公关礼仪的手段是传播沟通

传播沟通指的是利用各种传播媒介，将信息有计划地与社会公众进行交流并以此密切联系、增强情感互流的沟通活动。**传播沟通有人际传播、大众传播、群体传播和组织传播等形式，它们均是公关礼仪必须借助的手段或有效方式。**公关礼仪正是借助或依靠语言和非语言、人际和大众的传播等方式来沟通组织与公众的关系，塑造和提高组织的良佳形象的。

礼仪提醒

公关礼仪不同于其他礼仪，应当在与时俱进中体现"敢为天下先"的公关意蕴，弘扬"舍我其谁"的使命感，注重创造、创意、创新，引导社会礼仪文化的发展，推动整个人类文明的进步。

2. 准确认识公关礼仪的特征

公关礼仪与一般的人际礼仪相比较具有如下特征。

其一，一般的人际礼仪主要是一种个人行为或人际间的行为，而公关礼仪则主要是一种组织行为。一般的人际礼仪的主体是人或行为者自己，公关礼仪的主体则是组织或组织化了的公关者个人。**公关礼仪折射和反映着组织的行为，并成为组织行为的重要内容。**换句话说，公关礼仪中通过公关工作人员所表现出来的个人行为，并不是纯个人的行为，而是一种代表组织，反映组织和围绕组织目标体系运转的组织化了的个人行为，这种个人行为代表和确证的主要不是作为自然人的他本人，而是他献身于其中并以之谋生存、求发展的组织。一般的人际礼仪是人际沟通的手段，但本身不是一种职业、一种专门化的社交艺术，也不是为人提供生存发展机会、资源的产业或部门，而公关礼仪则可以成为一种信息化、情感化、专业化、专门化的产业或职业，成为一种具有一定经济色彩、政治内容和文明形式的部门或行业，这是人类社会物质文明和精神文明高度发展的表征，也是社会分工的必然产物。

其二，一般的人际礼仪注重的常常是情感沟通，信息层次的沟通特别是对大众传媒的利用却很缺乏，而公关礼仪不仅注重情感沟通，而且注重信息层次的沟通，注重利用大众传播媒介来沟通组织与公众的关系。**人际礼仪满足于彼此之间情感的互流互动，公关礼仪则试图超越情感主义的范畴，融情于理，以理导情，实现情理、利益等的和谐统一。**从某种意义上说，人际礼仪因满足于情感沟通，故推崇"桃李不言"或"尽在不言中"，充满着一种内隐式的神秘体会或证悟，公关礼仪则因超越情感沟通故讲究策划创意和传播效应，着重公众的评价、态度及反映，拓展出一种外显式的现实氛围和宣传方式。

其三，一般的人际礼仪主要目的在于自完其身，塑造自身完善而优秀的形象，落在"明明德"的"内圣层面"，而公关礼仪的主要目的则在完善组织，树立和维护组织的良佳形象，落在"新民"和"止于至善"的"外王层面"。在公关礼仪那里，"内圣"是重要的，但不是至上的和唯一的，"内圣"应该转化为"外王"才有真正的意义和价值，改造自身应当同改造组织、改造社会结合起来，并服从于改造组织、改造社会的目标。纯粹的独善其身也许有价值，但毕竟价值不大，只有将独善其身与兼善天下作有机的整合，才能推动人类文明的发展和社会的进步、繁荣。

其四，一般的人际礼仪总是具有特定的地域性和民族性，并且常常为地域性和民族性所局限，而公关礼仪除了考虑礼仪的地域性和民族性之外，更注重礼仪的普遍性和共同性，并主张按照国际惯例和世界通用的标准形成和发展出一套跨文化、跨民族、跨国家的国际礼仪和世界礼仪。**公关礼仪在礼仪的民族性与世界性的关系问题上，既主张尊重礼仪的民族性，又主张发扬礼仪的世界性，把礼仪的民族性与世界性有机地结合起来。**

礼仪提醒　　如果说人际礼仪是自然的化育，人为的色彩不浓，目的理性不突出，那么公关礼仪则是一种社会的熏陶，主体性、能动性比较强烈，目的合理性或工具合理性尤被看重，而价值合理性则退居次要的位置。

除此之外，公关礼仪在礼仪的历时性与共时性问题上强调兼顾二者的关系，并侧重礼仪的时代性和现实发展。

3. 深入理解公关礼仪的本质

公关礼仪本质上是公共关系实务活动的一部分，是组织形象的一种宣传形式和组织行为的一种传播手段，是建立在民主、平等、互助、协作基础上的现代礼仪。

公关礼仪是公共关系活动和工作中所体现的礼仪，这种礼仪的主体是开展公共关系活动的组织及代表组织的公共关系部门和人员，客体是组织所面对的内外公众，媒体则是现代人际传播和大众传播。从某种意义上说，公关礼仪既有主体的行为或程序礼仪，亦有客体的应对或反馈礼仪，是组织与公众之间的一种礼仪互动或敬意互流。在组织与公众的交往过程中，组织既是公关礼仪的主要行为者、施与者或主体，也是公众礼仪的接受者、反馈者或客体。就公关礼仪的本质而言，作为公关礼仪主体或第一主体的组织或代表组织的公共关系部门及其公共关系从业人员，既有接受公众礼仪反馈和引导、培育公众礼仪向美普发展的义务，但又不能斤斤计较公众对自己的礼仪，不能用讨价还价或者以其人之道还治其人之身的方式来决定主体的礼仪态度和礼仪倾向性，意即不能因为客体（公关对象）的礼仪不到位或有缺失而影响了主体应有的礼仪态度和礼仪行为。**公关礼仪的主体或重点在公关部门和公关人员的礼仪上，而公关部门和公关人员的礼仪恰恰应具有前瞻性和理想性，应担负起引导和提升公众礼仪的任务**。如果公关部门和人员的礼仪落在公众礼仪的水平上甚至还差，那么公关礼仪就失去了它应有的地位、功能与价值。真正的公关主体礼仪应达到公众知我当心怀感激，公众罪我亦能不迁怒于人的境界，始终注意贯彻"消费者就是上帝"和"人比利润更重要"，以及"荣誉让给别人，困难留给自己"的精神，注意贯彻"善人者，不善人之师；不善人者，善人之资"和"以德报怨"的精神，注意贯彻"生而不有，为而不恃，功成而不居"的精神，以自强不息之道律己，以厚德载物之道待人，只有这样才能使自己的公共关系活动产生"化干戈为玉帛，变腐朽为神奇"的妙用。

公关礼仪首重公关主体礼仪，但并不是丝毫不重公关客体礼仪。真正的公关主体礼仪绝对不应该停留在"独善其身"的"内圣"层面上，满足于"天下皆浊我独清"的自得之乐，它应当也有责任"以先知启后知，以先觉觉后觉"，教育和引导广大公众一起向上，形成"礼尚往来"的礼仪风俗和礼仪氛围，在礼仪世界的万紫千红中确证自己的存在。这就需要公共关系部门及其公关人员树立起"以天下为己任"的理想目标，献身于转化人伦风尚、礼仪风俗的工作，"先天下之忧而忧，后天下之乐而乐"，"得志，与民由之；不得志，独行其道"，而且知其不可亦勉力为之，不为物喜，不以己悲，率天载义，为建构一种新型的民主、平等、自由、和谐的礼仪而贡献自己的聪明才智。

与此相关，公关礼仪在具体的实施过程中无疑地应突显组织的意义，致力于组织良佳形象的建树，自觉地把公关活动与组织的兴衰存亡联系起来，将个人礼仪融入组织礼仪之中，时时刻刻想到自己的一言一行、一举一动都代表着组织的形象，都有责任为组织争光。当组织形象与公关人员个体的审美倾向发生冲突的时候，能自觉调整自己个人的审美爱好，服从于组织形象建设的大局。公关礼仪关注组织的荣誉和形象，切忌借组织的公共关系活动来为个人形象的标新立异服务，尤其不能将个人的面子、虚荣或意气凌驾于组织的荣誉和形象之上。**应当力求使公关人员的个人礼仪与组织礼仪有机地结合起来，在建树组织良佳形象的过程中建树自身的良佳形象。**

礼仪提醒

公关礼仪作为公共关系活动和工作中所体现的礼仪，涵盖面极广。其主体是多元的，客体也是多元的，并且主客体的构成常常是变动的、转化的或兼而有之的。

此外，公关礼仪作为社会礼仪文化的一部分，应当注意与社会礼仪文化的关系，既与社会礼仪文化保持总体上的一致，又创造新的礼仪理念和礼仪风尚，引领社会礼仪文化的潮流，促进社会礼仪文化的健康发展，为社会礼仪文化建设作出自己应有的贡献。

二、 公关礼仪的功能与作用

公关礼仪是公共关系实务活动的一部分，是组织形象的一种宣传形式，也是现代人类文明进步的重要标志，在社会组织"内求团结、外求发展"的目标体系中占有着十分重要的地位，发挥着其他公关形式不可替代的作用。讲求公关礼仪有助于塑造公关人员自身良好的个人形象，进而塑造社会组织的良佳形象；有助于调适组织与公众之间的各种社会关系，并使其沿着合理、合意的方向发展；有助于营造一种和睦融洽、文明进步的人文氛围；有助于推进全社会的素质教育，培养合格的全面发展的公共关系人才，繁荣整个社会的人文素质教育。在物质文明高度发达的当代社会，公关礼仪越来越成为人们寻找朋友、丰富和充实自己内在精神生活的重要手段，成为化干戈为玉帛、变腐朽为神奇的有效方式，成为完善自己和完善社会的基本条件。

1. 公关礼仪有利于塑造良好的组织形象

随着我国市场经济的建立和发展，社会生活的各个方面都发生了深刻的变化，每一个社会组织为了在激烈的市场竞争中有所发展，都必须处理好和调整好与公众之间的关系。无论在任何情况下，失去公众的理解、信赖和支持，让公众感到不快和抱怨，就等于把组织置于危险境地。美国波士顿福罗姆咨询公司1989年的一项调查表明，顾客由一家公司转向与之竞争的另一家公司，79%以上是因为服务质量差引起的。在市场经济条件下，用什么样的态度对待公众，为公众提供什么样的服务，对于社会组织来说，就成了生死攸关的事情。这就要求社会组织的成员通过对公众高度的情感投入，周到、细致、优良的服务，在公众的心目中树立起良好的组织形象。

公关礼仪恰恰是一种沟通情感，建立和谐与温馨的社会公众关系的艺

术。有人曾形象地说，要把握成功的机会，就必须架起一座通向公众、通向消费者心灵的桥梁。讲究公关礼仪，礼貌待人，是架这座桥梁的钢筋和混凝土。因为，讲究公关礼仪，诚恳、热忱、周到、细致、优良的服务，能够使公众在心理上产生一种被尊重、被理解的良好情感，从而使纯粹的工作关系变成一种友谊的交往。这种情感投资，对于社会组织来说，带来的往往不是直接的利益，而是间接利益，不是眼前的利益，而是长远利益。从这个角度看，公关礼仪实质上是社会组织的一种无形资产，它所创造的良好形象是社会组织的一种文化资本。

公关礼仪在具体的实施过程中致力于组织良好形象的塑造，凸显组织的意义。因此，个人礼仪要与组织礼仪相融与共，有机结合，服从于组织建设形象的大局，不能过分标新立异，有损组织形象。

2. 公关礼仪有利于沟通信息广结良缘

在社会主义市场经济这个充分开放的系统里，组织与公众的交流与沟通比金钱和利润更重要。因为市场经济的发展，带来了大范围的分工协作关系，促进了组织与组织、地域与地域之间的相互依赖和相互合作，同时也带来了激烈的市场竞争。每一个社会组织为了求生存、求发展，不仅需要巩固现有的公众关系，还需要广结良缘，拓展多方面的、新的关系，以求得更多公众的理解和支持，创造出良好的生存与发展的内外部环境。

公关礼仪在促进组织与公众之间的信息沟通、广交朋友这方面所起的作用是其他任何手段、任何方式所不能取代的。在公共关系的各种交往方式中，公关人员对人的真诚、友善、谦让等都会增强人际间的吸引力，促进信息的流动。例如，北京某外贸公司的一位公关人员，为了开展向中东某国的出口业务，潜心研究阿拉伯国家的民俗礼仪，在去该国推销产品时，尊重阿拉伯国家的习惯，穿上素服，戴上头巾，不露秀发。在客户应邀到北京谈判时，她又处处注意礼仪，坚持平等互利。每逢伊斯兰教节日，便中止谈判，安排客户前往北京牛街礼拜寺进行宗教活动。这样做，既与客户建立了友谊，又赢得了客户的信任和尊重，不仅当时签订了上百万元的出口合同，而且以后这位客户的所有进出口业务都找这位公关人员办理。

公关活动是双向交往活动，交往成功与否，首先要看双方是否能够沟通，是否能取得对方的理解。双方都有自己的思想情感、观点和态度。由于立场不同，观点不同，人们对同一个问题会有各自不同的理解和看法，这就使双方的沟通有时变得困难，甚至产生误解。而公关礼仪能够为交往双方搭起求同存异的桥梁，使双方相互接近融洽关系。即使发生了误解、出现了差错，也能虚心地听取意见，诚恳地检讨错误，耐心地解释疑问，从而打消误会，消除隔阂，化解矛盾，增进了解和友谊。

礼仪提醒　公关人员只有重视公关礼仪，积极而妥善地处理各种关系，才能广交朋友，改善公众关系，为组织与个人的发展拓宽和铺平道路。

3. 公关礼仪有利于树立良好的社会风尚

社会风尚也可以称为社会风气，一般是指一定时期社会上人们在日常生活中形成的思想言行方面带普遍性的倾向。礼仪反映一个民族、一个国家的文明水平、整体素质、整体教养。**遵守礼仪、应用礼仪，有助于净化社会风气，提升全体社会成员的精神品位和道德文化素质。**

公关礼仪的涉及面非常广泛。由于公关活动是通过人与人之间的沟通联系体现出来的，正如任何一项社会活动都需要必要的规则一样，公关礼仪既是调节和增进人际关系的行为规范，也是社会生活讲文明守秩序不可缺少的内容。因为，衡量一个国家、一个民族的精神面貌和文明程度，往往会以社会公众所表现的文明素质和礼仪风度来做评判的。

改革开放30多年来，随着我国民生的日益改善，大众生活水平的日益提升，社会交往变得更加频繁，崇尚文明，讲究礼仪已逐渐成为更多百姓的自觉行为。但毋庸讳言，当前无论在公共生活中还是国际交往中，不讲文明礼仪的现象仍是屡见不鲜。提倡公关礼仪，不仅有利人际之间的文明交往和社会交际的和谐沟通，而且有助于驱邪树正，纠正和规范社会生活中的非礼之举和无礼现象，这对于树立良好的社会风尚，促进社会安定和谐的发展，都具有十分重要的意义。

当前，我国精神文明建设中的一项重要内容，就是要求全体社会成员"讲文明、讲礼貌、讲卫生、讲秩序、讲道德、心灵美、语言美、行为美、环境美"，这些内容与公关礼仪的基本要求完全吻合。在公关活动中，礼仪能陶冶人们的情操，规范社会成员的行为。它不仅反映出社会的精神面貌和文明程度，还可以形成一种具有约束力的道德力量。**每个人都应将自己的言行纳入符合社会之期望和时代之要求的礼的轨道，并按着社会需要和社会效益来调整自己的言行**，抛弃有碍于社会文明和民族文明的陋习，选择适合于社会风尚的言行。如果一个人不把自己的本性加以规范约束，不讲究礼仪，无视社会文明，便是一种野蛮的表现。因此，将公关礼仪与社会主义精神文明建设相互配合、相互促进，有利于纠正和克服社会上的不良风气，逐步形成良好的社会风尚。

三、 公关礼仪的基本原则

公关礼仪是一般礼仪在公共关系活动中的运用和发展，它既继承了一般礼仪的基本精神，又反映着公共关系活动的内在要求。综合起来说，公关礼仪有以下四个基本原则，需要公关人员认真遵循，它们是：尊重原则、诚信原则、宽容原则和平等原则。

1. 尊重：公关礼仪的情感基础

尊重与敬意是礼仪的情感基础。"恭敬之心，礼之端也。"任何礼仪都要求尊重人，把人当人看。德国哲学家康德把尊重人视为绝对命令和人的义务，认为人有义务去尊重他人和我们的同类，人也有义务去尊重自己，或者说人不仅有尊重他人或人群的义务，也有尊重自己的义务。

现代公关礼仪必须遵循尊重公众、尊重组织和尊重自己相统一的原则。公众是公共关系的工作对象，是与组织发生了一定关系或将发生关系的群体或个人。公共关系只有尊重公众，才能比较好地与公众沟通，赢得公众的理解、支持与合作。组织是我们服务和献身于其中并以此作为自己生存和发展的基础的社会共同体，是无数目标相同、意愿相通的人们的有意识的计划的集结。一个人只有忠诚自己的组织，尊重自己的组织，才能真正爱岗敬业、树立起自己敬业乐业和勤业的精神风范，也才能真正为组织所接纳。自我是人类中的一员，是组织中的一分子，也构成公众的一部分，尊重公众与尊重组织内在地包含有尊重自我的因素。同时，一个懂得尊重组织与公众的人必定会懂得尊重自己，一个尊重自己的人也必定尊重组织与公众。

礼仪提醒

人与人之间互相尊重是一切道德规范产生并发挥作用的前提，也是人突显和确证自己价值的必然条件。人之所以区别于草木禽兽，就在于人不仅能够尊重自己，而且能够尊重他人及其社会共同体。

◇ 尊重人的人格

尊重公众、尊重组织和尊重自己，首先是对人格的尊重。人格是一个人之为人的主体位格，是个人在社会生活中主体地位和目的价值的确证或表征，每一个人都具有人之为人的内在规定性或人的本质，因此每一个人都有自己的人格。把人视为目的而不仅仅当作手段体现了对人的人格的尊重。人格集人的位格、价值、荣誉、形象、气节于一身，因此本身具有尊严和令人肃然起敬的意蕴。不仅个人应当自尊自信，锻铸和捍卫自己的人格尊严，而且任何人都不得蔑视或侮辱他人的人格，蔑视和侮辱他人的人格是极不礼貌和道德的。人的天性的至深本质或本原本质就是渴望人的格能得到应有的尊重。当人的人格受到侵犯或污辱时人就会感到绝望和极端的痛苦伤心，就会无以自立。孟子说："一箪食，一豆羹，得之则生，弗得则死，呼尔而与之，行道之人勿受；蹴尔而与之，乞人不屑也。"这就是说，饥饿要死的人，骂他几句，给他点残羹剩饭，他不会接受；要饭的乞丐，踢他两脚，再给他点东西吃，也不会接受。为什么不受呢？因为侮辱了他的人格，他有自己的羞恶之心。孔子也说，"士可杀而不可辱"。**人格重于物质生命，物质生命也只有具有人格时才是值得珍惜的。没有人格的物质生命如同没有灵魂的躯壳。所以尊重人的人格是尊重原则的第一要义。**

◇ 尊重人的个性

尊重公众和他人，尊重所在组织的上司、同仁和下属，包含有尊重他们的个性爱好和性格特质的内容，公关人员要做到不强人所难，不把自己的意志和意愿强加于人，不因噎废食。凡遇到与其个性爱好相违逆或相冲突的事件，应取协商、恳谈、建议和好言相劝的态度，千万不能动辄训斥谴责甚或要求他们为我们牺牲自己的个性爱好。尊重的本质是爱，爱一个人的真谛不是使其变成我所需要和所盼望的那种人，而是使他更好地完善自己。尊重公众、他人的爱好兴趣与性格，即是使他人更好地完善他自己的外在必要条件。

◇ 尊重人的权利

尊重人，也必然地包含着尊重人的人身自由及其他各种权利，包括尊重人的隐私权。在社交活动中，公关人员要做到不该问的不随便乱问，不该知道的东西不强求知道，不干涉别人的私生活。对男士不问财产、收入、履历、身高，对女士不问年龄、婚否、衣饰价格；人家正说话，不可任意或无礼貌地打断人家的说话，插话需讲究礼貌和礼节，进入住宅探访，需事先联络相约，进门之前需礼貌地敲门或按门铃，不任意进入他人的卧室，凡此等等，都表现了对人权利的尊重。

◇ 尊重人的优点

尊重人，还应当学会肯定人、欣赏人和赞美人。**公关活动中，爱挑别人毛病的人，是一种自大狂妄的表现；注意发现并时刻赞美别人的优点，**

则是谦虚、谨慎美德的自然流露。威廉·詹姆斯指出，人性的根源有股被人肯定、称赞、接纳和欣赏的强烈愿望，这是人和动物的最大不同点，人类的文明因此而发展、进步。芸芸众生，谁不渴望得到应有的尊重？谁不希望别人重视自己的存在？事实上，每一个人身上都具有可以肯定、称赞的许多优点。因此，亦正如卡耐基所说："使一个人发挥最大能力的方法是赞赏和鼓励。真诚的赞赏可以收到效果，而批评和耻笑却会把事情弄糟。"

总之，尊重是公关礼仪的第一原则和最根本的原则，是其他一切原则的前提和基础。礼仪如果没有尊重，那就不是礼仪。

礼仪提醒

尊重别人是爱默生的人生信条。爱默生说："任何人都有值得我学习的优点"，"我碰到的每一个人，在某些方面，都比我优越"。尊重别人也应该是所有公关人员的职业信条，要用尊重"攻五关，赢六将"。

2. 诚信：公关礼仪的道德要求

礼仪和公关礼仪都需要遵循诚实信用的原则。诚即诚实、诚笃、真诚、诚恳，是指待人的真实不欺和说话客观公正；信即信用、信任、信实，是指人说话算数、言行一致。诚与信合起来，要求人们在待人接物过程中真实诚笃、信守诺言、讲究信誉、实事求是。诚信的反面是虚伪、失信或欺骗。**自古以来，一切真正有道德有良知的人们莫不强调诚信，反对虚伪、失信或欺骗。**

儒家创始人孔子非常重视信德，主张"言必信，行必果"，人如果失掉了信用，就如车丢了关键部件一样，寸步难行。

孟子强调诚，把诚视为道德修养的一种重要方法和所达到的一种极高的精神境界；提出"反身而诚，乐莫大焉"的命题，并把诚视为"天之道"。在孟子看来，人具有先天而内在的道德属性，人是道德行为和道德修养的主体，只要不断地反省内求，达到诚实不欺、内外合一，就达到了最高的道德修养境界。

《中庸》发展了孟子的思想，把诚视为最高的哲学范畴和沟通天人的环节，认为诚贯穿天、道、性、命，指出"诚者不勉而中，不思而得，从容中道，圣人也。"

宋明理学的开山祖师周敦颐视诚信为圣人之本和五常之本。在周敦颐看来，诚信以乾元为源，同时贯彻于人和万物产生与发展的始终，成为人类道德的根源。

在西方，戴尔·卡耐基也强调待人以诚以信，主张对人真诚讲信用，把诚信视为交往和礼仪的通则。他十分欣赏中国古训"交友须带三分侠气，做人要存一点素心"，认为朋友之间只有做到真诚相待，信守承诺，才能达到有难同当、有福共享的极致。

从公关社交角度来说，诚信原则要求公关人员在交往伊始就要真心诚意，对交往的对方以诚相待，不能弄虚作假，更不能轻视或嘲笑对方，社交的实质是人与人之间的沟通或予取。如果属精神上的给予没有真诚，别人就不可能得到你的给予；如果属物质上的给予而缺乏诚意，对方只会视其为一种恩赐或施舍，目前因迫于无奈，可能会接受，但在心底里却会升腾起一种被侮辱和沮丧的感觉，无论如何也难以真诚地感激你。可见，真诚待人是成功交往的核心，是人与人之间建立友谊和深厚感情的基础。所以，我们在与人交往时，对于他人所提出的要求应尽量给予满足，力不从心时应直言相告；与别人交换看法时，不要含糊其辞，要真诚地指出对方认识上的问题，诚恳地谈出自己的看法；当他人对自己有不礼貌的行为或误解时，应给予真诚的谅解。

总之，诚乃立身之本，信乃待人之道。公关礼仪应自始至终遵循诚信的原则，牢固树立真诚、诚笃、诚实和信用、信誉、信任的观念，并以此统率外在的举手投足、接物应对。只有这样，才能真正体现出礼仪的礼的层次和水平，使礼仪含有更多更好的文明因素和伦理因素，为促进人类的精神文明作出更大的贡献。

3. 宽容：公关礼仪的待人原则

宽即宽待，容即相容，宽容是待人的一般原则，也是公关礼仪所必须遵循的基本原则。一般地说，所谓宽容是指以宽大的胸怀容忍别人不同于自己的见解、个性甚或缺点错误，它包含着心胸坦荡、宽宏大度、不计较个人得失等因素，具体表现为对待别人的意识、信念、信仰、行为、习惯等能够给予谅解，不予计较；对待别人的过失和错误不多加追究；对待不同的思想和观点，不采取压制等极端手段，主张以说服和教育的方法进行疏导，以协调人我、己群之间的矛盾。**中国传统文化历来重视并提倡宽容的道德原则，并把宽以待人视为一种为人处世的基本美德。**

中国的道家特别强调宽以待人，以德报怨，并推崇善于包容的江海之德。老子有句名言："江海所以能为百谷王者，以其善下之，故能为百谷王。"意思即是说江海之所以称得上百谷之王，是因为其心胸宽阔坦荡，能甘在百谷之下流淌。这充分道出了宽以待人对于人成就事业、成功交际是善莫大焉的。

欧洲基督教的《圣经》亦主张宽以待人，以德报怨。《贴撒罗尼迦前书》中说："弟兄们，我们劝你们敬重那在你们中间劳苦的人，就是在主里面治理、劝诫你们的。又因他们所作的工，用爱心格外尊重他们。你们也要彼此和睦。你们要谨慎，无论是谁都不可以恶报恶……"《路加福音》中也说："你们的仇敌，要爱他；恨你们的，要待他们好；诅咒你们的，要为他祝福；凌辱你们的，要为他祷告。"这充分说明，以德报德，以怨报怨只是一种常人的行为和境界，只有以德报怨，宽容地为诅咒你的人而祝福，才能化解人与人之间的矛盾，推动人际关系向和谐、健康的目标发展。

现代公共关系礼仪也要求遵循宽以待人的原则，要求公关人员在人际纷争问题上保持豁达大度的品格或态度，善解人意、体谅别人，凡事想开一点，眼界高远一点，不紧紧抓住人家的缺点过失不放，对那些与自己有意见并反对过自己的人也能以礼相待，求大同存小异，躬自厚而薄责于人。公共关系以转化公众的态度为重心，所谓转化公众的态度就是要化反对为中立，化中立为支持，化坚决反对为一般反对，化一般支持为坚决支持，此即不仅要转化公众态度的方向，而且要转化公众态度的强度。转化公众的态度就是要通过具体的公共关系活动和礼仪去缩小组织与公众之间的距离，去化解公众对组织的敌意、偏见与冷漠，去赢得更多的朋友，不仅公共关系需要宽容，公共关系礼仪也需要宽容。**真正的公共关系礼仪总是同宽厚、宽宏、宽待等精神联系在一起的。**在公关活动中，公关人员遵循宽容原则，设身处地地对待和处理同公众的关系问题，即使公众有一些一时看不顺眼，听不入耳的问题，也不必纠缠不放，各人爱好不同性格各异不要强求，还是应该多多将心比心，体谅对方为好。对于公众的缺点错误与过失，应时刻记住"人非圣贤，孰能无过？过而能改，人皆仰之"。况且，公众之所以犯错误，原因一定很多，没有一个人会自觉选择去犯错误，就主观动机而言，总是想把某件事情做好。再说，即便是公众的主观动机不纯，公关人员也应理让三分，以宽厚之心给予谅解。须知，公关交往中的障碍只有靠宽容精神才能跨越。所以，公关礼仪应始终遵循宽容的原则，以宽大之心善待各类公众。

延伸阅读：

蒋琬宽以待人美名扬天下

在中国历史上，流传着许多宽以待人的佳话。

三国时期，蜀国诸葛亮临死时将自己的职位托付给蒋琬，让他辅助国君，行使蜀国军政大权。诸葛亮是当时的一代名将兼军师，智慧能力无人可比，蒋琬接任后，遇到了一些下属的怠慢和不服，蒋琬却不记前嫌和个人面子，以"宰相肚里能撑船"的态度相待。

当时一个名叫杨戏的下属官吏，为人傲慢，不爱说话，对新上任的蒋琬也爱理不理。有人对蒋琬说："你与杨戏说话，他居然敢默不作声，这种犯上的表现，实在太严重了。"说话人是想让蒋琬借此惩治一下杨戏。不料蒋琬听后却不以为然，说："人的性格各有不同，好比人脸一样，不可能一模一样。有些人当面阿谀奉承，背后诬蔑毁谤，这种做法是令人厌恶的行为。那样做还不如默不作声。杨戏不回答我的话，说明他不愿违心地赞同我的观点，但又不是当面驳斥我，使我难堪，损害我的威信，他采取使他心安理得的沉默方式，我认为并没有什么不妥"。

又一次，督农官杨敏诋毁蒋琬，"做事糊涂，实在比不上诸葛亮。"有人将此话告诉蒋琬，并建议蒋琬追究此事。蒋琬却坦然地说："我办事的才能，确实比不上诸葛亮，有什么可追究的？"主管此事的官吏见蒋琬如此大度，便不再追究杨敏的罪责。杨敏说过此话不久，因别的事被拘入狱，大家担心蒋琬一定会借此判他死罪，而蒋琬并未因个人恩怨来判他刑，而是秉公处罚，杨敏也没有受到重责。

4. 平等：公关礼仪的人格尊重

追求和向往平等，是任何人都有的一种共同人性和要求。平等涉及许多方面，有经济平等、政治平等和道德平等诸多涵义，就公关礼仪所涉及的平等内涵而言，主要或常常表现为道德和人格的平等。道德上的平等要求对一切人一视同仁，把人当人看，尊重人的价值和尊严，不管他在现实社会生活中所处的地位如何。**道德上的平等认为，每一个人都生而有人格，人格是平等的，都应当予以尊重。**

现代公共关系礼仪不同于传统礼仪的根本点即在于它是建立在平等主义的基础之上并以平等作为自己的基本原则的。平等待人是现代公关礼仪的第一要义，也是现代公关礼仪所应遵循的重要原则。平等待人即是不分厚薄彼此，对任何公众都一视同仁，不因对方地位显赫而曲意谄媚、一味讨好，也不因对方地位低下而冷漠忽视、爱理不理。将平等原则运用于公关交往中，要求做到帮助别人不视作恩赐，受惠于人不形成依赖，处上而不卑，处下而不亢，求人而不失其自主，他人求我而不故显高傲。应时刻想到，无论何人包括自己都只是人类大家庭中的一员，没有超越他人凌驾他人之上的任何特权。

在公关交往中，平等待人是建立良好关系的首要前提和必要条件。人们也总是痛斥那些以权取人、以钱取人、以身份待人的行为或现象，痛恨那些攀龙附凤、嫌贫爱富的丑陋之风。平等产生自主观念和创造力，平等使人把自己同整体相联，不平等只会导致冲突、灾难与战争。因此从某种意义上说：只有平等才能造成和谐的人际关系和真正的道德。

在现实的社会生活中，小者弱者的确需要实力雄厚者的支持和帮助，但它需要的是平等待人者。

平等，要求对公众一视同仁。对过去的公众、现在的公众，未来的公众、老关系、新相识，职高权大者、位卑无权者都能平等对待，无矛盾时能平等对待，矛盾激发时也能平等对待。组织的客户，不管大小新老，都要平等对待，决不能让人吃"两样菜"，厚此薄彼只能是自取其辱。

总之，掌握并遵循公关礼仪的基本原则，公关人员才有可能在公共关系活动中成功地施行礼仪和接受礼仪，使自己成为彬彬有礼的人。

延伸阅读：

勒鲁的平等思想

19世纪法国哲学家皮埃尔·勒鲁在《论平等》一书写道，平等这个口号"一旦公告于世，将会获得人们普遍的赞同。是的，人们可以抹掉它，也可以嘲笑它，但它决不会因遭人践踏而被真正抹掉，或受到损害；因为它是正确的，它是神圣的；它代表人们追求的理想，它象征神示的未来；它已在理论原则上面占了优势，这终将也有一天在客观事实上赢得胜利；它是磨灭不了的，它是永存的。"在这部书的结束语说道："平等这个词概括了人类迄今为止所取得的一切进步，也可以说它概括了人类过去的一切生活。从这个意义上说，它代表着人类已经超过的全部历程的结果、目的和最终的事业。为了平等的实现，所有的启蒙者和启示者前赴后继，在一切领域进行探索，绵延不断的战争使无数人的鲜血洒遍了江河大地，在多少个世纪中，全人类洒下多少汗水。人们个人的苦难，正像他们经受的集体的苦难一样，其神圣的目的正是为了平等，为了平等的感情、平等的观念。"勒鲁将平等视为法国大革命思想的核心，强调只有平等才能有个人的自由和权利，同样也只有平等才能有人与人之间的博爱。

四、 公关人员的礼仪素质要求

不同的职业对从业人员的素质结构有着不同的要求。公共关系作为一种对知识、技能和艺术要求都很高的工作，要求从业人员应具备较高的素质。作为公关人员，应该具备以下几个方面的公共关系素质。

1. 具有较强的公共关系意识

从哲学的角度讲，意识是具有主观能动性的人对客观物质世界的反映，同时，意识对物质世界又具有强大的反作用。公共关系意识对公关人员来说，是指个体从公共关系的角度对自己（或社会组织）与周围关系的认识及其自觉、能动的协调能力。具体说来，这表现在以下几个方面。

◇ 注重形象的意识

形象塑造是公共关系的核心问题。**公共关系意识中最重要的就是珍惜信誉、重视形象的意识**。形象本身是一个复合概念，它是由许多要素组成的。在构成形象的各种要素中既有内在的精神品质，也有外在的仪表、举止等。从组织的角度看，包括服务水平、人员素质、组织文化、实力地位等。从个人的角度看，包括一个人的外貌、穿着、举止、语言、品德、修养、能力、感情、社会地位，等等。

◇ 服务公众的意识

形象是为特定的对象服务的，这些特定的对象就是与组织相关的公众，离开了公众，孤立的形象就变得毫无意义了。因此，社会组织总是把公众放在重要的地位，视为"上帝"，当组织利益与公众利益发生矛盾的时候，尽力从公众的立场出发，给公众以补偿，这样才能为组织的发展赢得公众的理解和支持。树立服务公众的意识能使公关人员自觉的协调和处理好个人与他人、个人与集体、个人与社会等方面的关系，正确认识个人价值与社会价值的相互关系，把追求个人价值的实现与社会的文明进步有机地联系起来，沿着正确的方向成长成才。

◇ 积极传播的意识

积极传播的意识说穿了实际上就是恰当表现和主动推销自己的意识。**现代公共关系有一个重要的原则，这就是"做得好还应加上说得好"。**90%做得好加上10%说得好才是100%，才圆满。过去"王婆卖瓜，自卖自夸"是不谦虚的表现。现在，"瓜好还得会吆喝"，过分的谦虚往往会误事。

礼仪提醒

在现代社会，形象无论对社会组织、对个人都是至关重要的。对于一个社会组织来说，良好的形象能吸引优秀人才，增强组织的活力和凝聚力，能扩大和增强组织的竞争力，也能使组织获得良好的经济效益和社会效益。

2. 具备多元、合理的知识结构

公共关系实际上是一种以智力支出为特征的社会实践活动，它所涉及的知识范围较为广阔，经济的、文化的、社会的、心理的、伦理的、艺术的等知识都会在公共关系中得到广泛的运用。这就要求从业人员必须具有合理的知识结构。

知识结构是指一个人所拥有的知识体系的构成状况与结合方式。所谓合理的知识结构，就是把所学习、所掌握的知识进行合理的组合，恰当的调配，形成分层次的、相互协调的，能够能动的发挥作用的知识体系。这种知识结构应该具有"程度高、内容新、实用性强"的特点。"程度高"是指知识量大，面宽；"内容新"是指知识结构中应以反映当今科学技术发展状况的新知识、新信息为主；"实用性强"是指所学习、所掌握的知识在实践中应具有很强的应用价值。因此，这就要求公关人员进行学习时应注意以下几个方面。

◇ 知识结构的整体性

知识结构的整体性是指知识之间的相互联系，即相关性。所学知识的各个组成部分应是相互联系、相互促进、有机结合的统一整体，从而使所学知识的各个部分都能在整体中发挥最优化功能。为此需要做到以下几点。

①正确地选择知识。在浩瀚的知识海洋中，善于判断某种知识相对于自己的知识体系来说具有多大的价值，然后根据这种相对价值的大小进行取舍。

②恰当地组织知识。把所学知识整合为主次分明、彼此协调统一的有机整体，使所学知识都能有效地发挥作用。

③创造性地运用知识。**学习的最终目的是为了运用知识，提高自己认识世界、改造世界的能力，否则学习就失去了意义**。所以要坚持理论联系实际的原则，学以致用。

◇ 知识结构的比例性

知识的比例性是指知识体系内部的横向联系。确定知识之间的正确比例，应从特定目标的客观需要出发，目标不同，需要不同，知识体系中各种知识的比例要求也应有所不同。有人认为，不论从事什么职业，未来社会走红的将是具有"飞机式"知识结构的人才。其具体结构形式如下：

- "机头" = 敬业精神
- "机身" = 专业知识和专业技能
- "机翼"之一 = 计算机应用、开发能力
- "机翼"之二 = 海外语言沟通能力
- "机尾" = 终身学习能力。

◇ 知识结构的层次性

合理的知识结构应是从低到高由几个不同层次的知识所组成的．既有一定深度，又有一定宽度的知识体系。大体应分为三个层次：

- 基础层次。即必须具备的基础文化知识。
- 中间层次。即从事某项事业所必须具备的较为系统的专业知识和技能。

● 最高层次。即本专业的最新成就、攻坚方向和研究动态的知识和信息。

这三个层次，应该是一个宝塔形结构，从低到高一层比一层范围窄，一层比一层要求高。在这个层次结构中，任何一个层次都不应该被忽视。忽视了较低层次的知识，较高层次的知识就成了空中楼阁，无法牢固地竖立；不掌握较高层次的知识，较低层次的知识就成了无枝、无叶、无花、无果的根茎，发挥不了应有的作用。

公关人员在学习中既要注意基础知识的宽厚性，又要注意专业知识的精深性和主攻目标的明确性。这样，在工作中才有可能迅速有效地把所学知识投入创造性应用。

◇ 知识结构的动态性

人的知识体系是相应的客观事物在头脑中的反映，如果不随着客观事物的发展而发展，就会处于逐渐落后、陈旧、甚至僵死的状态，就会被日益激烈的社会竞争所淘汰。因此，合理的知识结构应该是一个能够不断进行更新发展的动态结构。为此，公关人员要努力使自己打下宽广深厚的知识基础，努力建立起一种善于随着社会的发展和需要，不断进行新陈代谢、吐故纳新的开放性知识结构。

礼仪提醒

社会巨变，公关人员必须树立正确的学习观念。"一次教育"的概念已经过时，必须与时俱进地终身学习，否则即使一时"光彩照人"，总会"江郎才尽"。今天培养学习的能力，就等于提高了未来的发展和竞争能力。

$\mathcal{3}.$ 才能超众：公关礼仪的能力支撑

从公共关系的角度说，所谓超众的才能主要表现为超众的组织能力、创新能力、社会交际能力、表达能力等。

◇ 超众的组织能力

公共关系的每一项工作都需要经过认真周密的组织管理工作与之相配合才能顺利完成。其实,任何工作都有一个组织管理的问题,同样的人财物投入,为什么有的产出就大,效益就高,有的就不行,问题往往出在组织管理的水平上。管理可以上效益、可以上质量。

组织能力主要包括分析综合能力、计划决策能力、收集评价有关信息的能力、选择方案做出决定的能力、善于与人合作共事的能力、协调人际关系的能力,等等。

◇ 超众的创新能力

公共关系工作本身是一项充满生机和活力的工作。其职业特点要求从业人员必须具备丰富的想象力和创新能力,墨守成规、因循守旧是无法做好工作的。

其一,要善于变化。随着公共关系工作在社会上的普及,公共关系活动变得越来越相似,诸如开幕式、记者招待会、赞助、宴会等。公众对这些活动已司空见惯,并感到厌倦,失去了吸引力。只有不断变化公共关系活动的形式和内容,才能一次又一次地引起公众的注意。

其二,要勤于思考。要养成勤于思考的习惯,积极寻找公共关系活动的时机和活动方式。

其三,要刻意求新。公共关系的创意策划,关键在于"首创",在于"前所未有",只有新颖独特,才能收到良好的效果。

◇ 超众的社会交际能力

社会交际能力是一种自我表露的艺术,是组织能力、逻辑思维能力、应变能力、表达能力等多种能力的综合表现。因此,公关人员的社交能力有赖于渊博的知识、广泛的兴趣、宽容的品质、高尚的道德、幽默的性格、优雅的风度、端庄的仪表等。**其中,优雅的风度、端庄的仪表,以及主动、热情、开朗的精神面貌是交际能力的基本要素。**

公关人员的交际能力在人际交往过程中的基本要求是,稳重自持,尊重他人,举止磊落大方,表现出良好教养、气质和风度。

公关人员要谨记：在与人交往中，狂妄自大、举止轻浮，是浅薄无知、缺乏教养的表现；卑躬屈膝、唯唯诺诺，缺乏独立人格，会遭人鄙视；不修边幅，懒懒散散，精神不振，常常会使人缺乏好感。

第 一 章

公关人员的语言沟通礼仪

在公关活动中，语言交流是不可缺少的沟通方式。掌握和运用语言沟通的礼仪规范和方法技巧，也是公关人员必须具备的基础能力和基本素质。按照公关礼仪的要求，公关活动中的语言交谈，不仅是为了达到公关目的的有效途径，也是展示公关人员和公关组织文明素质及良好形象的最佳舞台。

一、 交谈的基本礼仪要求

在公关活动中，交谈是至关重要的活动方式，作为公关人员在谈吐方面有着很高的要求。他们必须要具有良好的逻辑思维能力和清晰的语言表达能力；在交谈之中，要注意表情、态度、措辞、技巧以及交谈的禁忌；要保持自己应有的风度，始终以礼待人。遵守交谈的礼仪，是顺利达到交谈效果的"润滑剂"。

1. 交谈时面带自然微笑

在世界美术史的殿堂里，名留史册的画家成百上千，传之后世的作品琳琅满目，但是堪称画坛巨人的却屈指可数，具有划时代意义的名作更是凤毛麟角。而在法国卢佛尔博物馆里，却陈列着一幅具有永恒魅力的作品，这就是达·芬奇的代表作《蒙娜丽莎》。蒙娜丽莎以其含蓄迷人的微笑，把人类的美升华到了一种光照寰宇的境界。

◇ 微笑语有意义

微笑是公关活动中最富有吸引力、最有价值的面部表情。无论是在办公室、在舞场、在谈判桌上，还是在周游世界的旅途中，只要你不吝惜微笑，恰如其分地运用笑的魅力往往就能够左右逢源、顺心如意。

微笑是人际交往的重要桥梁，它能大大缩短彼此间的心理距离，促进彼此获得好感和信任。

微笑有助于美化组织形象，使组织更容易获得公众的认可并得到积极的评价。微笑有助于形成良好的社会氛围，使人们生活在融洽的社会环境中。

◇ 使用微笑语的场合

在公共关系中，微笑语被称为"世界语"，即是指微笑具有非常广泛的通用性，一般人们用微笑来表示友好、愉悦、欢欣、请求，也用微笑来表示歉意、拒绝、否定。

通常在公关活动中要注意在这样一些场合中多使用微笑语。

① 在迎来送往的场合。即在迎送客人时，应该微笑着迎接，也微笑着送别，使客人产生如沐春风的感觉。另外在商业活动中，微笑也是招徕顾客、获得顾客认同的必需语言。

② 在需要拒绝的时候。在拒绝别人的情况下，表情语言有着更大的适用性，它既可单独使用，用皱眉、嘴角变化或面部表情变化表示拒绝，又可以作为有声语言或形体语言的伴随语来表示拒绝。**通常人们总习惯以消极的表情语表达否定的意思，但若在人际交往中用积极的表情语——微笑的方式表达拒绝会更容易使人接受，因为微笑地拒绝毕竟是一种"美丽的拒绝"。**

③ 在道歉或求请的时候。在公关交往活动中，自己的行为侵犯了他人利益或没有尽职尽责地满足他人的需要的时候，常常要对别人表示歉意。但是道歉绝不只是漫不经心地向对方说声"对不起"，而需要获得对方的真正谅解，微笑地表示歉意更容易令彼此之间相互谅解。另外，在公关活动中也常常需要求得别人的帮助，微笑地求助也更容易得到别人的应允。

◇ 微笑的要求

首先，微笑要做到真诚。即是发自内心的微笑。而虚伪的假笑、牵强的冷笑则会令宾客感到别扭和反感。

其次，微笑要做到甜美。微笑时甜美的表情由嘴巴、眼神及眉毛等方面来协调完成。

再次，微笑要有尺度。即热情有度。在交际中表情过于夸张，不仅让客人感到不自然，而且会令客人莫名其妙。另外，微笑加上得体的手势，这样会更自然、大方、得体。

礼仪提醒

在公关活动中，每个公关人员都要学会微笑，善于微笑。因为微笑常常是个人自信的表现，是心地坦诚的象征，它犹如阳光、雨露，不仅滋润着自己的心田，而且也温暖着别人的心扉。

2. 致意寒暄应当合宜适度

寒暄是指交往初始见面时相互问候、相互致意的应酬语或客套话，恰当地运用寒暄，能营造良好的交谈气氛。客观而论，寒暄并不是公共关系领域中的独特课题，它具有广泛的社会性和历史遗传性。但是公共关系领域中的寒暄应注意以下几点。

◇ 掌握分寸，适宜合度

这里所说的掌握分寸、适宜合度，既有量的方面的要求，又有质的方面的要求。所谓量的方面的要求是指寒暄语的使用不宜过度，能三言两语，绝不长话一串，能够精练，绝不拖沓。虽然可以随意，但切忌漫无边际，以免令人扫兴或产生不好印象，妨碍交往的深入进行。**所谓质的要求，是指寒暄过程中不能言不由衷，更不能一味吹捧夸大，使对方感到受到讥讽或挖苦。**

◇ 考虑对象，选择措辞

交往对象不同，寒暄的选择也应有差别。在这一点上要具体考虑以下几种因素。

一是年龄的差异。一般来说年轻者要表示敬重，而年老者则要表现出热情谦虚。

二是亲疏的界限。交往双方如果是已经非常熟悉的人，那么不妨在寒暄时更加随意轻松一些为好；反之若初次见面就应该显得庄重一些。

礼仪提醒

寒暄看似简单，其实大有学问。寒暄需要注重场合，谨慎用语。在庄重的场合，寒暄也应该与环境保持一致，要热情但不失庄重；而在轻松场合下，寒暄则要本着轻松但又不流入庸俗的原则。

三是性别的不同。男性与女性之间交往时，寒暄应该特别注意，不适合于女性的语言一定要避免使用。谈论轻松的话题时要注意格调高雅,掌握分寸。

四是文化背景的特殊性。不同的民族、不同国家在寒暄这一语言环节上有着明显的差异,我们在与之寒暄时应当注重各自文化背景的特殊性。

3. 与人交谈,选择得体的话题

在公关活动中,公关人员选择合适的话题进行交谈是非常重要的。如果选择了对方不熟悉或不感兴趣的话题,谈话很容易陷入僵局,或者变成单方面的说教。

◇ 交谈的话题应因人而异

交谈双方熟悉程度不同,选择的话题也应有所不同。一般来说,在与陌生人或是不太熟悉的人之间,应选择比较简单却又基本上适宜的话题。如天气、环境、新闻等这些话题,不容易引起误会和不快。正是这些简单的话题可能引出对方感兴趣的、甚至是精彩的谈话。

如天气的话题可能引出有关生态环境方面的谈论;对一件摆饰的称赞可能引出有关瓷器、工艺品、古董方面的话题;一条简单的新闻可能引出大家都非常关注的某个热门话题。当然,以自我介绍作为与陌生人谈话的开始也是很好的,介绍自我往往可能会找到进一步交谈的话题。

在与已是熟人、朋友的对方交谈时,几乎所有的话题都可以作为谈资。天气、新闻、体育、名胜古迹、个人爱好、小说、电影、电视、畅销书、流行时装,还有政治、经济、社会等严肃话题通通都行。

◇ 谈论既定的主题

即交谈双方业已约定,或者其中一方先期准备好的主题。它适用于正式交谈,如求人帮助、征求意见、传递信息、讨论问题、研究工作一类的交谈。

◇ 谈一些高雅、时尚的主题

高雅的话题即内容文明、优雅,格调高尚、脱俗的话题。忌讳不懂装懂,班门弄斧。它适用于各类交谈,如文学、艺术、哲学、历史、地理、建筑等。

也可以谈一些时尚的主题。即以此时、此刻、此地正在流行的事物作为谈论的中心。它适合于各种交谈，如住房改革、股市动荡、汽车降价、厄尔尼诺现象、电子宠物等。

> 总的来说，公关人员在与对方交谈时，交谈的话题是否合适，主要是看对方是否对这一话题感兴趣。也就是说，选话题时应投其所好，选择对方可能喜欢的内容来进行交谈。

4. 避开不宜谈及的话题

在公关交谈中，公关人员应忌谈如下话题。

◇ 不谈涉及对方隐私的话题

比如个人的收入、财产以及衣服、首饰的价格、年龄、家庭住址、工作单位、个人经历、信仰、婚姻等个人的隐私。

◇ 不谈令人不愉快的事情

在社交谈话中，不要随意张扬个人难处，也不要为自己的某次不公平待遇发牢骚，更不要不着边际地谈论自己的某次手术和在医院里所经受的痛苦。

对有慢性疾病或生理缺陷的人，切忌随时提醒他的痛处，会使对方反感，增添其忧虑。

◇ 不谈容易引起争论的话题

任何可能破坏友谊，容易使双方失去原有的冷静，引起不必要的争论的话题，最好不谈。如：政治、宗教、堕胎、同性恋、核能等敏感的问题，最好不要参与。

◇ 不谈荒诞离奇、耸人听闻和黄色淫秽的话题

在社交场合，谈一些荒诞离奇、耸人听闻的事，是不合时宜的，会让

人觉得不可信并且觉得你格调不高；而谈论黄色淫秽、低级趣味的事，会有失自己的身份，让人觉得你粗俗，不文雅。

◇ 不谈议论别人品行的话题

不要把自己所了解的某个人的品行作为谈资告知对方；不要用讽刺、挖苦、中伤的语言谈论人或事，以显示自己的智慧。

延伸阅读：

公关人员与外国人谈话的禁忌

在与外国人谈话时，要注意以下禁忌。

一是不要过分关心劝说。中国人讲究关心他人比关心自己为重，而外国人则强调个人独立性，这是不同的文化背景所形成的，如果常建议"天凉了，加件衣服吧"、"去买顶帽子吧"之类的事情，他不认为你是在关心他，而认为你在干涉他的自由。

二是不要询问、谈论外宾的个人隐私，如年龄、婚姻、职业、收入、住址、政治信仰、个人经历等等，这会使外宾感到难堪。

三是不要谈论令外宾不快的事，如病痛、死亡、丑闻、色情故事等等。中同人见面总是谈你身体好不好，但外宾一般都不愿谈这种话题，谈论分析他的病情，将会被看作失礼。

四是不要谈论他人的是非，如 A 胖、B 瘦、C 丑、D 美之类的话题。如你在外宾面前谈论第三者，会被看成是没教养的。

那么，什么话题是恰当的谈资呢？一般地说外国人对体育比赛、文艺演出、电影电视、旅游观光、度假、烹饪等比较感兴趣，在非正式场合我们可以在这几方面选择话题。

5. 学会善用目光语交流

目光语是运用眼神、目光来传递信息，表达感情，参与交际的语言形式。

人类的目光语主要是通过眼睛瞳孔的放大和缩小来表现的。不管是"眉来眼去"、"怒目而视"还是"贼眉鼠眼"、"炯炯有神"都是通过瞳孔变化来区别的。而人的瞳孔变化时常是根据其感情和态度的不同而发生变化的。一般而言。在特定光线条件下，当一个人的情绪或态度从积极状态转化为消极状态，或从消极状态转化为积极状态，其瞳孔也会随之逐渐缩小或逐渐扩大，通常是扩大的瞳孔意味着兴趣和愉悦情感的产生，在人际交往活动中表达的是积极的态度，而缩小的瞳孔则意味着敌意或漠视. 在人际交往活动中常表达的是消极情感。**所以，运用不同的目光，所传递的信息不同，所获得的结果也就不同**，如明澈的目光是坦荡执着的表现，用这种目光与人交流，容易获得别人的信赖；麻木呆滞的目光代表冷漠或无能为力，用这种目光与人交流；会使人觉得缺乏自信和热情；飘浮狡黠的目光，又常代表着浮躁和虚伪，很难让人信赖。阻碍着人际交往的纵深发展。

目光语除了可通过瞳孔变化来表达外。也受到空间距离、使用频率和方位等因素的制约，这需要人们注意积累生活，不断获得对目光语的正确理解。

在公共关系活动中，除了应理解目光语的内涵外，更重要的是正确使用目光语，就是合乎公关礼仪地使用目光语。

◇ 尽量用平和的目光与人交流

所谓平和的目光包含着这样几层含义：一是用平等的态度和目光对待别人。二是用平常的心态和目光看待人。三是用温和的目光看待人。四是用正视而不是斜视和侧视的目光看待人。

◇ 正确地使用注视目光与人交流

在公共关系活动中，注视目光的使用是非常重要的。首先要根据对象的不同选择恰当的注视方式，注视方式主要有两种：

①公务注视，即所注视的是公务或业务关系中的对象，这种目光注视的区域是以对方双眼为底线，前额为顶点所构成的三角区域，目光在这个区域中停留，既会显得严肃认真，抱有诚意。同时也容易掌握主动权和对话题的控制权，从事商务谈判的人员经常采用这种目光注视方式。

②社交注视，是指人们在社交场合中所使用的注视目光，一般而言，社交注视的区域是在由两眼为底线，以嘴巴为顶点的倒三角区域，在这个区域里注视更容易传递出亲切、温和的信息。从而营造出适宜的社交气氛。

◇ 在不同交际场合选择恰当的目光语与人交流

在不同的交际场合，目光语的使用应根据具体情况而有所区别。如当你被介绍与人认识时，眼睛要注视对方的脸部，不要上下打量对方，否则就是不尊重别人；当谈兴正浓时，切勿东张西望或不断看表，这也是一种失礼行为；有事求于对方，等对方回答时，眼睛要略朝下看，态度要自然。这样更能显示出自己的情真意切；不要老是盯着别人身上的缺陷，即便是赞美，也易给人有故意做作、虚伪的感觉；与上级交谈时，目光要谦恭，切勿将目光随意投射，更不要将目光落在桌面的文件或重要材料上；和老年人交往时，最好走到他身旁，目光应直视对方，要柔和，以尽量产生亲切感；对众人讲话，目光应环视全体。

礼仪提醒

俗话说："眼睛是心灵的窗户"。人的目光语能够显露其内心世界，表达他的思想感情和对人以及事物的倾向性。因而在公共关系活动中，公关人员既要懂得目光语的内涵，同时还要正确地使用目光语。

6. 交谈应保持恰当的距离

在与对方交谈过程中，公关人员应根据亲疏关系及场合，保持适当的空间距离和心理距离，这样有助于交谈愉快地进行。

◇ 空间距离

空间距离指人们在谈话时相距的空间。主要有如下几种。

① 亲热界域。一般在 15 厘米以内，语义为"热烈、亲密"，只适宜于

至爱亲朋之间或外交场合的迎宾拥抱、接吻等。而一般公关场合，保持此种距离，非但不受欢迎，甚至会因侵犯了他人空间而遭谴责和抗议。

②个人界域。它的距离间隔在 15～75 厘米之间，语义为"亲切、友好"。这个距离为偶然相遇的人提供了隐蔽处，也是一般熟人交往的空间，在社交领域往往适用于简要会晤、促膝谈心或握手等。

③社交界域。其距离间隔在 75～210 厘米之间，语义为"严肃、庄重"。在社交领域中，主要适宜于与用户谈生意、接见来访者、企业之间的谈判等。**社交界域体现了一种较为正式的非私人交往关系，双方很少情感渗透。**

④大众界域。距离在 210 厘米以外，这是人们在较大的公共场合内所应保持的距离间隔，比如作报告、发表学术性演讲等。因其空间大，所以在这个界域里并无特殊的心理联系及特定的语义。在这个界域里，人们可以"视而不见"，不发生任何交往。

由于文化、习俗的影响，同一界域应保持的距离也不尽相同，甚至相距悬殊。但是，界域及其相应的距离是客观要求的。因此，在交往接触之前，必须了解双方的界域习惯，恰当地加以运用，从而使交往者处于一种和谐、协调的心理氛围。

◇ 心理距离

俗话说得好："过于亲近易生侮慢之心"人与人之间往往会因为失去分寸而发生许多遗憾。其实这都是可以避免的事情，只不过人们通常都会因太过亲近而忘了应守的界限，在说话或行动上乱了方寸，让许多原本十分要好的朋友，转眼间成了见面不相识的陌生人。保持适当的心理距离以保交往安全，与人说话亦然！

礼仪提醒

当别人"侵犯"了自己的界域时，应慎重处之，以礼相待。当公关人员因不慎而侵犯了别人的空间范围时，应立即表示歉意，说声"对不起"、"请原谅"，这样有助于缓解或消除紧张情绪和不快。

二、 公关的语言技巧

公关语言，除了要体现出一般语言艺术的特点之外，还要求以良好的礼仪修养，驾驭语言的表达与情感的交流。作为公关人员，要努力学习和运用公关的语言技巧，不断增强语言沟通能力，以出色的礼仪风度和良好的语言艺术，取得圆满的公关效果。

1. 公关语言要讲究美学情趣

公关人员的语言一定要美，不能说粗话脏话，语言词汇要充实，说话不能干巴巴，应有丰富的语言词汇，不能总是重复几个词汇。用语言与别人沟通交流时，应体现出自己的文学修养。在向别人表达思想、描绘事物时，要有美学情趣，即使在批评别人时，也应体现语言美。如：有人将光面说成阳春面，赋予光而美的色彩，引起人们的食欲；在向囚犯上法律课时，将罪犯称为触犯了法律的朋友们，使囚犯摆脱了自卑感和局促感，能认真听课，踊跃与老师交流，畅谈自己的思想。

有一位顾客在饭店用餐时，发现菜汤里漂着一只死苍蝇，就轻松地对服务员说："小姐，我要的是素汤，怎么变成荤的啦？"服务小姐连忙给他换了一碗，并对他的宽宏大量和文明行为感激不尽。

可见语言的美学情趣在公关活动和人际交往中很重要，有美学情趣的语言可以美化、提升公关人员在公众心目中的形象。

◇ 投其所好

公关人员在公关工作中，要尽量对公关对象投其所好。投其所好并不是阿谀奉承，而是寻找公关对象的爱好和兴奋点，形成人际交流的聚焦点，形成共同兴趣、共同话题，产生谐振和共鸣。如以前很多记者想专访萨马兰奇都被拒绝，但有位记者，经过深入了解，得知萨马兰奇喜爱邮票，于是他见到萨马兰奇时，专门与萨马兰奇大谈邮票，在这兴趣盎然的谈活中，不知不觉地完成了专访。

◇ 忠言不逆耳

人们常说忠言逆耳，是因为忠言是直谏，比较刺耳，也可能因为是忠言，所以表达忠言的人认为自己上可对天，下可对地，一片忠心，无愧于人，所以在表达忠言时不注意方式方法和语气修辞，造成忠言逆耳。其实作为公关人员，在表达语言时，一定要认真思考，仔细斟酌，用优雅的语调、完美的修辞来表达自己的意思，做到忠言不逆耳，让人们能接受。

◇ 得理也要让人

在没理时让人，这是理所当然的；在得理时也让人，许多人做不到。许多人都是得理不让人的。但公关人员肩负着组织的使命，为了维护组织的优良形象，许多情况下要做到得理也让人。如×品牌的热水器爆炸，经检查确认是用户使用不当所导致，责任在用户。而公关人员不仅不责备用户，而是检讨了推销人员向客户介绍产品时说明不够详细，并做了赔偿。这一行为受到周围群众的交口称赞，并在社会上形成了很好的影响，使该产品的销量大增。再如英国著名作家萧伯纳在街上被骑车人撞倒，骑车人十分紧张，再三道歉，萧伯纳起来笑着说："先生，您比我更不幸，要是您再加把劲儿，那就成为撞死萧伯纳的英雄而名垂青史啦。"诙谐的语言一下子消除了骑车人的紧张与不安。**要做到得理也让人，应具备宽广的胸襟和宽宏的肚量。**

◇ 敢于说不，善于说不

在公关工作中，有时对有损组织形象的话、对一些人的非分要求、对别人要求自己办而无法办到的事时，要敢于说不，这样，不至于损害组织的形象，不至于因答应了别人的非分要求而造成不良后遗症，不至于因承诺了自己无法办到的事而被动。但是光敢于说不还不够，因为简单地说不，很可能影响良好的人际关系，所以还要善于说不，让别人乐意接受你的拒绝或否定。

有一位记者问陈毅同志，中国已经成功发射了两颗人造卫星，什么时候发射第三颗。在当时，发射人造卫星的日期属国家机密，陈毅同志是不便讲的，但陈毅同志不是一口回绝记者，而是微笑着说，我不知道那是不是机密。记者脱口说，不是。陈毅借话打话说，既然不是秘密，我想你肯定知道了。

陈毅的回答很有技巧，如果记者回答那是秘密的话，陈毅一定会说，既然是秘密我就不便说了。

在回绝别人时，要尽量运用"是……但是……"、"行……不过……"、"好的……不过……"等转折语。

在公关工作中，对于别人的恶意诽谤要敢于进行回击，特别是在国际交往中，要善于外交斗争，对别有用心的人对我们国家和人民的恶意攻击要坚决地回击、善于巧妙地回击，以维护祖国的形象和民族的尊严。

2. 语言交流要遵守谈话礼仪

谈话是人们交流感情、增进了解的主要方式。中国人讲究"听其言、观其行"，把谈话作为考察人品的一个重要途径。因此，公关人员更要注意谈话礼仪。

◇ 要选择好语种

在交谈中应尽量使用普通话。**如果使用外语和方言，要顾及谈话的对方以及在场的其他人。**假如有人听不懂，最好别用，以免给人以卖弄或故意不让人听懂的感觉。

◇ 要选择好话题

在可能的情况下，尽量先了解一下交往对象的兴趣爱好，以便有针对性地选择话题。

◇ 要注意语气语调

谈话中要注意语气语调，也可以用适当的动作加重谈话的语气，但动作要适可而止。

◇ 双方应互相正视，互相倾听

谈话时双方应互相正视，互相倾听，不要东张西望或兼做其他事情，如玩弄指甲、摆弄衣角、抓痒痒、打哈欠等等；不要不等人说完就将自己的视线和注意力转向其他方向。

◇ 不要"一言堂"

谈话时不要总是滔滔不绝，容不得其他人插嘴。如果总是以自己为中心，完全不顾他人的情绪，会给人留下傲慢、放肆、自私的印象。在听别人谈话时，要神情专注，并响应别人的谈话，说一些"是吗"、"真的啊"之类的话，形成有效的双向交流。

当谈话者超过三人时，应注意同大家一起谈，不要只对某个人窃窃私语，凑到他耳边小声说话；不要因为"酒逢知己千杯少，话不投机半句多"，而冷落了某个人。

一起聚会时，不论是生人熟人，都要尽可能地说上几句话，哪怕说句问候语也行。遇到有人想同自己谈话时，可热情与之交谈，切莫冷淡人家。**谈话中如果出现冷场，应迅速选择对方感兴趣的话题，使谈话继续下去。**

◇ 不要抬杠

在谈话中切忌抬杠，抬杠容易造成情绪对立，恶化交际氛围。引起离心倾向，不利于人际交流。如，人家说明天是好天，你偏说可能要下雨，人家说某人唱歌真好，你却说唱得不怎么样，使对方感到扫兴以致不愿再谈下去。

礼仪提醒

谈话时要注意自己的气量，当你选择的话题不被别人感兴趣，听者面露倦意时，应立即停止。当有人反驳自己的话题时，不要恼羞成怒，应心平气和地与之讨论，或转移话题，如对方是有意寻衅滋事的，可不予理睬。

三、聆听的礼仪要求

国外有句谚语："用十秒钟的时间讲，用十分钟的时间听。"聆听，可以从谈话对方获得必要的信息，领会谈话者的真实意图。如果不能认真地聆听，就无法了解和满足对方的需要，和谐的人际关系也只能是空谈。况且，聆听本身还是尊重他人的表现。因此，应当充分重视听的功能，讲究听的方式，追求听的艺术。一句话，掌握聆听的艺术。

1. 善于聆听有益于交流

一般人在交谈中，倾向于以自己的意见、观点、感情来影响别人，因而往往谈个不停，似乎非如此无法达到交谈的目的。实际上，与人交谈，光做一个好的演说者不一定成功，还须做一个好的听众。也就是说，在谈话中，任何人都不可能总是处于说的位置上。要使交谈的双方双向交流畅通无阻，就必须善于倾听他人的谈话。**善于聆听的人，懂得"三人行，必有我师"的道理，能够利用一切机会博采众长，丰富自己，而且能够留给别人讲礼貌的良好印象。**

美国社会学家兰金指出，在人们日常的语言交往活动（听、说、读、写）中，听的时间占54%，说的时间占30%，读的时间占16%，写的时间占9%。这说明，听在人们交往中居于非常重要的地位。

在人们面对面的交谈中，讲与听是对立统一的，认真地去听，可以收到良好的谈话效果。听，可以满足对方的需要。认真聆听对方的谈话，是对讲话者的一种尊重，在一定程度上可以满足对方的需要，同时可以使人们的交往、交谈更有效，彼此之间的关系更融洽。

注意倾听别人讲话，还可以同时思考自己所要说的话，整理自己的思想，寻找恰当的词句，以完善地表达自己的意见，给人鲜明的印象。一般来讲，听比说快，听话者在听话过程中总有时间空着等待，在这些时间空隙里，应该回味讲话人的观点、定义、论据等，把讲话人的观点和自己的观点作比较，预想好自己要阐述观点的理由，设想可能有的其他观点等。

因此，从某种意见上说，在公关场合受大家欢迎的人，人人都爱与之交谈的人，并不仅仅在于他能说会道，而重要的是他会听。因为交谈中只有既讲又听才可以满足双方的需要，也只有如此，才能使交谈顺利进行。如果只顾自己讲，不想听对方说，则一定是交谈中的"自私者"，当然也是不受欢迎的。

礼仪提醒　聆听既是一种礼貌，是对别人的尊重；也是一种鼓励，是褒奖对方谈话的一种方式，有助于提高谈话者的兴致。注意倾听能够在无形中提高对方的自尊心，加深彼此的感情。

2. 聆听要耐心更要讲艺术

公关人员聆听别人的谈话，应注意以下的礼仪要求。

◇ 集中注意力

在与对方谈话时，应目视对方、认真专心地去听，并不是说聆听者完全被动地、默默地听。把自己的知觉、情感、态度全部调动起来，投入地听，全神贯注地听，不做无关的工作。用心去体验对方谈话所及的情景。经验告诉人们，在说话时，如果对方面无表情、目不转睛地盯着自己看，会怀疑自己的仪表或讲话有什么不妥之处而深感不安。因此，聆听者在听取信息后，为使对方觉得你的确在听而非发呆，可以根据情景，或微笑、或点头、或适时插入一两点提问，比如"哦，原来这样，那后来呢？""真的吗？"等等。这样，就能够实现谈话者与聆听者不断的交流，形成心理上的某种默契，使谈话更为投机。

◇ 要耐心地听

在交谈过程中常常会遇到这样的情形，即发言者所谈的话题并不是你所感兴趣的，或者是你早已经熟悉的内容，还可能是内容冗长不生动的言谈，但是从人际交谈的礼仪着眼，作为听话人都应当控制自己的情绪，尽管心中有厌烦但也要努力控制，不要流露出来。如果有可能的话，则也可以尝试着插话转移话题。

◇ 迅速地思考对方话语

要使思考的速度与谈话相适应。思考的速度通常要比讲话的速度快若干倍，因此在聆听对方谈话时，大脑要抓紧工作，勤于思考分析。如果你在听对方谈话时心不在焉，不动脑筋，对方谈话的内容又记不住，这样就达不到交流的目的。

◇ 听出对方讲话的主旨

要注意听清对方话语的内在含义和主要思想观点，不要过多地考虑对方的谈话技巧和语言水平，不要被枝节问题所纠缠。

◇ 注意说话者的神态、表情、姿势

要真正了解对方，语言只传达了部分信息，所以还应注意说话者的神态、表情、姿势以及声调、语气等非语言符号的变化，传递的非语言信息，以便全面、准确地了解对方的思想感情。尽量"听懂"谈话者的非语言符号传递出的信息，以便能比较准确地了解对方的弦外之音，话外之意。

◇ 适当地做出回应

恰当地提出问题和插话，表明你对对方所谈内容的关心、理解、重视和支持，但不要打断对方的谈话。

◇ 不要让说话者出现冷场

如果说话出现冷场，可以接着说话者所说的内容用"为什么"、"怎么样"、"如何"等疑问句发问；要真诚地鼓励和帮助对方寻求解决问题的途径。

由于听话的速度比讲话快，因此，应随时利用时间间隙将讲话人的观点与自己的观点比较，回味讲话人的观点、意图，预想好自己将要阐述的观点和理由。

3. 聆听时要注意神情态度

一般而论，任何人都会对诚心诚意倾听自己谈话的人产生感激之情，从而开启心扉，倾吐真情实意。所以，在交谈过程中，不仅要让自己的话说得更得体，还要注意用聆听来赢得对方。倾听时注意自己的神情和态度，是谈话成功的一个要诀。

◇ 要会心地听

即在聆听别人谈话的过程中，要以丰富的表情，恰当的语言，合适的手势作出反馈，使说话者感到自己的思想和观点得到了认同和尊敬；讲到动情处也应该以相应的面部表情表示呼应；讲到疑惑处，也应该以摇头或叹息表示关注……这样就使得整个交谈过程显得非常和谐融洽，成为一个流动的整体。

◇ 要虚心地听

不要随便打断别人的谈话，更不能以言论和表情对他人进行攻击和讥讽，即使你不同意对方的观点，也最好等对方的话说完或告一段落后再发表自己的意见，同时要选择恰当的语言辅之以相应的表情来陈述自己的观点，如"您的见解确实有根据，不过能否这样说……""我也曾思考过这样的问题，看这样说是否也有一定的道理……"等等。在发表完了自己的观点后，还要以适当的措辞予以总结，像"这只是我个人的一点浅见，请多多指教""我的思考还很不成熟，在这里也只是想抛砖引玉""这是我的一点感想，其中包含着很多疑问，希望您能给指点迷津"……**无论如何，虚心地聆听别人的谈话，就必须本着商榷的原则，作出求教的神态，把握**

语言措辞。

礼仪提醒

倾听别人谈话时，应目视对方，全神贯注。还可以通过点头、微笑及其他体态语言的运用，使对方感觉到这一点。对外界造成的种种干扰，要尽量做到视而不见，听而不闻。

4. 注意检点自己的体态语言

身体应当稍稍倾向于对方，面带理解性的微笑，并用点头或"真的?""是吗?""确实如此?""太棒了!"等短句给讲话者以支持和肯定。

最后，需要强调指出的是，人们在交谈、交往中由于所处的不同社会角色地位，而形成的交谈双方的不同关系往往会影响倾听。一般来说，在交谈双方社会地位相同时，双方相互间能以完全平等的态度进行交谈，在这种情况下，比较容易倾听对方的谈话。在交谈双方社会地位不相同时，往往有两种情况：

一是听者的社会地位高于谈话者。比如上级对下级，师长对晚辈、学生等。在这种情况下，听者一定要特别注意听的诚意与态度。通常属下找领导谈话，一定有其原因，领导必须以关心、真诚的态度认真地听，即使对方发牢骚、抱怨，也不要冷淡待人，更不能责备。了解了对方的真实愿望、意见、想法后，可据此作出确切的判断，给予合情合理的答复。**肯花时间认真倾听属下意见的上级，是真正关心他人、值得依赖的人。**

二是听者的社会地位低于谈话者。比如下级对上级，晚辈、学生对师长等。在这种情况下，一般人都会认真地听，有时可能还要在本上记几句。遇有不懂之处，可请对方作适当的重复与解释。切忌唯唯诺诺，点头哈腰，显出一副卑躬屈膝的样子。因为谈话双方无论社会地位上相差多么悬殊，在人格上是完全平等的。保持平等的态度才能使谈话得以顺利地进行，从而建立较好的关系。

5. 避免聆听中的不良表现

在公关交往中，聆听他人的谈话是一个非常重要的环节，而善于听别人发言亦可上升为一种难能可贵的交际艺术。聆听更强调的是听话者在神情和态度上要聚精会神，谦恭得体。具体来说，在聆听的过程中，公关人员作为听话者切忌有如下几种表现。

◇ 漫不经心地听

即在听别人谈话时，总是摆出一副东张西望，左顾右盼，心不在焉的神态，或者一边在听别人谈话，一边却在做另外的事情，这种神态所显露的内涵要么是对谈话的内容不感兴趣，要么是对谈话者表示轻视，无论如何都是没礼貌、没教养的具体表现。

◇ 严格挑剔地听

这种方式是指听话人总是喜欢摆出"检察官"的神态，威严地注视着谈话者，或者像一名考官一样总是试图从谈话者那里挑毛病，找漏洞，而完全忽视了别人谈话中所包含的有用的信息。进而用不礼貌的方式打断别人的变话，随着纠正他人的观点，自以为是地进行完善补充，甚至还用嘲讽的语言讽刺谈话者。这种聆听方式是最无礼、最不受欢迎的听话方式。

◇ 反客为主地听

虽然我们强调公关交谈过程中并没有严格的主、客限制，但是在具体的场景中，说话者与听话者的角色还是有着最起码的规定。反客为主式地聆听是指总是在谈话过程中喜欢抢别人的话题，随意插话，而且不谈则已，一开口则没有限制，口若悬河，滔滔不绝，汪洋滋肆，口无遮挡，完全忽视了谈话对象的存在，这种听话方式从根本上背离了倾听的宗旨，特别容易令人生厌。

◇ 僵滞呆板地听

这是指在聆听别人谈话时面无表情，毫无反应，或自始至终都是一种表情，使谈话失去了交流、沟通的特色，变得非常呆板，了无生气。这种听法会打击讲话者的热情，让其不知所措。

礼仪提醒

> 按照交谈礼仪的相关要求，要做一名合格的听众并非易事，但是从"人同此心，心同此理"的角度，设身处地地为他人着想，调换视角作"换位"思考，就能容易正确把握自己，尊重他人地听了。

四、提问与回答的礼仪

在公关交谈过程中，向对方提问和回答对方的问题是必不可少的重要环节。而按照公关交谈礼仪的要求，提问什么怎样提问以及如何回答提问都不是随心所欲的，其中有许多具体的礼节要求，所以作为公关人员应当熟练地运用提问与回答的方法和礼仪。

1. 向他人发问要抓住关键

这里所说的提问，是特指公关人员在交谈过程中对他人发问，即提出自己希望了解的问题。一般而言，提问要注意如下几个方面。

◇ 根据对象提问

大千世界，芸芸众生，不同的人在人际交往中有不同的表现：有的开朗外向，谈锋甚健；有的却寡言内向，不善言辞。对于前者，提问时可开门见山连连发问；对于后者，则要善于启发，由浅入深，诱导对方回答问题。**同时对于不同的人还存在着学识水平、人生阅历、生活背景、文化传统上的不同，在提问过程中，也应当把这些因素考虑在内，以适合提问对象的方式方法进行提问。**

◇ 把握时机提问

交谈是一个流动的动态过程，提问者要准确地掌握交谈进程，通过提问来驾驭整个过程，如当对方谈锋正健、滔滔不绝时，要尽量让对方把话说完，不要以提问打断交谈；若遇到要出现冷场的情况下，则可通过提问活跃气氛，改变局面；若一个话题已经谈得差不多了，没有更多新的内容可谈时，也可以通过提问适时转移话题。

◇ 抓住关键提问

在交谈过程中，可能要提的问题很多，但要注意不能把问题提得太散，或者过于含糊笼统，提问要有中心，要抓住问题的关键。对有些敏感性问题的提问往往正面直接提问效果不佳，那么则可转化分解为具体问题、侧面问题进行提问。

除上述要求外，在提问过程中还要避免使用威胁性、盘问审讯式、讽刺性的语言进行提问。特别是在遇到对方没有认真回答问题或其他特殊情况，要注意克制自己，不要失去礼貌，更不能与别人争吵。总之，只有很好地掌握这些提问的礼仪要求，才能推动公关交谈的顺利进行。

礼仪提醒

交谈是一个流动的动态过程，提问者要准确地掌握交谈进程，通过提问来驾驭整个过程。如当对方谈锋正健时，要尽量让对方把话说完，不要以提问打断；若遇到要出现冷场的情况，可通过提问活跃气氛，改变局面；若一个话题已经谈得差不多了，也可以通过提问适时转移话题。

2. 回答问题应坦诚、巧妙、谨慎

在交谈过程中，有问也要有答，公关人员回答别人的问题也须把握或遵循一定的礼仪要求。

◇ 坦诚地回答

坦诚回答是最起码的礼仪要求，这里所说的坦诚回答即是要求有问必答，即坦然诚恳地回答别人提出的问题，不能对别人提出的问题装聋作哑，听而不闻或者简单应付，更不能冲动甚至发脾气，要尊重提问者，尽可能地给别人一个满意的答复。

◇ 巧妙地回答

在交谈过程中，常常遇到别人提出的一些尖锐敏感的问题，甚至不易正面回答的问题或者不宜公开的问题，那么这时讲究回答的技巧就尤为重要了。**回答的巧妙之处可以是以幽默的方式避其锋芒，也可以用精彩的言词灵活回答。**

有一次，作为外交部长的陈毅同志在一个中外记者招待会上，一个西方记者向他提出了这样一个问题："最近，中国打下了美制 U-2 高空侦察机，请问，你们用的是什么武器？是不是导弹？"对这样一个涉及我国国防机密的问题，陈老总没以"无可奉告"搪塞过去，而是风趣地举起双手在空中作了一个向上捅的动作，并以俏皮的口吻说："记者先生，我们是用竹竿把它捅下来的呀！"与会记者为陈老总的机智、幽默所折服，报以长时间热烈的掌声。

◇ 谨慎回答

在回答别人的提问时要出言谨慎。俗话说，"言为心声"，所回答的话只要能清楚地表达出自己的意愿就可以了，再不必添枝加叶，因为"言多必失"，特别更不能任意发挥，回答问题不负责任，甚至任意夸大。俄罗斯有一句谚语是："说出口的话是银的，没有说出口的话是金的。"中国人也常说："君子一言，驷马难追"，"说出去的话，泼出去的水"，这些无非都是奉劝人们要出言谨慎。

当然回答问题的礼仪要求还包括言辞要恳切，态度要和蔼，表情要自然，而且说话要留有余地等。这正如《礼记》中所言："不失足于人，不失色于人，不失口于人。"

女作家巧妙答听众

我国的一位女作家到美国访问，当在大学讲演时，有听众问："听说您至今还不是共产党员，请问您对共产党的私人感情如何？"这也确实是一个棘手的敏感问题，但女作家巧妙地作了回答，她说："你的情报十分准确，我确实还不是中国共产党党员，但我的丈夫是共产党员。而我和他共同生活了几十年，感情很好，至今并无离婚的迹象。"女作家的巧妙回答也令众人折服。

第 二 章

公关人员的拜访
与接待礼仪

　　拜访与接待是最常见的公关活动，已越来越受到人们的重视。公务员的拜访和接待是以达到某种公关目的的交往方式。在拜访和接待活动中，公关人员掌握一定的礼仪规范，能够有效地与被拜访或被接待人员增进了解，融洽感情，从而提高公关效果。

一、公关人员的拜访礼仪

在公关活动中，公关人员经常需要对客户、合作厂商、友好单位等进行拜访。这些拜访，有些是礼节性的，而大多则是既有礼节性又兼顾业务性。因此，不论是主动访问也好，还是礼节性的回访也好，礼节、礼仪都是其中非常重要的一个方面。所以，公关人员必须懂得有关拜访的礼仪规范要求。唯有如此，才能在拜访过程中，圆满完成任务。

1. 拜访具有不可替代的作用

拜访是公关活动中一种重要的形式，也是社会交往的重要手段之一。

随着科学技术的进步，现代社会交往的方式逐渐增多，如电报、电话、传真、可视电话、网络电话等，都可以在人们的情感沟通中起到一定的作用。但它们与直接会面的拜访相比，毕竟有"不同的感觉"、不同的效果。**拜访更直接、更亲近，交流的内容更广泛、更深入、更易达到交往的目的**。具体地说，拜访在人际交往过程中有如下作用。

关于拜访，古有"无辞不相接，无礼不相见"之说，发展到今天其礼仪内容更加丰富多样化。所以无论是办公室拜访，还是到私宅拜访，虽然看似简单，但只有懂得有关礼仪，才能使交流更加和谐，沟通更加顺畅。

其一，促进联系，提高工作效率。因为拜访是面对面的交往，通过这种形式。可以使双方把一些观点、看法及细节性问题谈出来，以达成共识，从而提高工作效率，促成合作。

其二，交流感情，了解信息。古语云："有朋自远方来，不亦乐乎?"

说的就是朋友相见，分外高兴。通过亲朋之间的拜访，畅叙友情、增进了解，自然可以促进感情的交流和加深。同时，通过拜访，还可以了解到书本外的知识和工作中没有接触过的事物，开阔视野。扩大信息量，这就是所谓的"与君一席话，胜读十年书"。

2. 做好拜访前的准备

为使拜访的目的能够得以顺利地实现，拜访最好能事先做好准备工作，主要是拜访时间的选择，拜访前预约以及其他一些拜访准备工作，如拜访目的等。

◇ 选择拜访时间

正式的拜访时间最好能事先征得拜访对象的意见后再确定。因为，他可能是领导人，工作特别繁忙；也可能是社会知名人士，有着重要和众多的社会活动等。**非正式的拜访时间最好能选择在节假日的下午或平时的晚饭以后，尽量避免在对方吃饭的时间前往，避免午休时间、临下班的时间前往。**现在人们都有看电视"新闻联播"节目的习惯，因此，平时的拜访时间选择在晚七点半以后较为合适，但也不能太晚，更不要在对方临睡的时候去拜访，以免影响对方的休息，引起对方的反感与不满。

◇ 事先预约拜访

拜访他人，应该先约好时间，以免扰乱被访者正常的工作、生活秩序，既可避免成为不速之客，也可防止扑空。如果事先已约好，就应遵守时间，准时到达。如确有意外情况发生而不能赴约或需要改期或改时间，要事先通知对方，并表示歉意。失约或迟到过多都是不礼貌的行为。

◇ 约定拜访的人数

在约定拜会时，宾主双方均应事先向对方通报届时到场的具体人数及其各自的身份。在公务拜会中，这一点尤其重要。宾主双方都要竭力避免使自己一方中出现对方不欢迎，甚至极为反感的人物。

通常，双方参与拜会的人员一经约定，便不宜随意进行变动。做客的一方特别要注意，切勿任意扩大自己的拜会队伍。在任何时候，来宾队伍过于庞大，都会令主人应接不暇，手忙脚乱，干扰其事先所作的安排和计划。

◇ 准备好拜访所需要的材料

拜访是有一定目的的交际活动，因此拜访者在拜访前一定要根据拜访的内容，把材料准备充分，以免措手不及，东拉西扯，浪费时间，达不到拜访目的。

◇ 备齐名片礼品

在拜访前，拜访者一定要把自己的名片准备好，并放在容易取出的地方，同时，还要准备一些礼品。这对于促进情感的交流，增进相互了解，有一定的作用。

古人云："出门如见大宾"，即指在拜访他人时要庄重得体，不失身份。如果是正式的公务拜访，穿着一定要整齐大方、干净整洁，要和自己的职业、年龄相称。如果是朋友之间的拜访，则不必太讲究，但要整洁大方，同时还应注意仪表的修饰。

3. 拜访过程中的礼仪规范

拜访过程中的礼仪规范主要有如下几个方面。

◇ 进门有礼，不可冒失

到达拜访者的门前，不可破门而入。有门铃的首先按门铃，时间 2 秒左右即可，若间隔十几秒未见反应，可按第二、第三次，切忌长时间连续不断按铃，吵得主人心烦；没有门铃的先敲门。敲门时用中指与食指的指关节有节奏地轻叩房门两三下，不可用整个手掌，更不能用拳头擂或用脚踢。**在炎热的夏季，有的人习惯敞开着门，若在这时拜访，也应敲门或告知主人，征得主人应允后方可进门。**

进门后随手将门带上。如果带着雨具，应放在门口或主人指定的地方，应避免把水滴在房间。在寒冷的冬季，进入主人家后，应在主人示意下脱下外套，摘下帽子、手套等随身物品，一起放在主人指定的地方。如果主人没有示意，这时不可急匆匆地脱下衣帽。需要脱鞋时，应将鞋脱在门外，穿拖鞋后进屋。若不需脱鞋，则应先将鞋在门外的擦鞋毡上擦净泥土后方可进屋。

进门后，可在主人的引导下坐下，坐姿要端正，不要东倒西歪，不能把整个身体陷在沙发内，也不要双手抱膝，更不要跷二郎腿。若觉疲劳，可变换坐姿，但不能抖动两腿，女士应注意两膝要靠拢。

主人递烟时，可接过并主动为主人点烟。吸烟时不可四处走动，即使在公众场合也是如此。当吸烟过程中，主人招呼你进入餐厅、会议室、娱乐室等场所时，应立即将烟灭掉。**烟头一定要掐灭后再放进烟灰缸里，不可让它在烟缸里自行熄灭。**

吸烟时应注意烟雾的走向，如果你吐出的烟雾直冲你旁边的某位不吸烟主人或客人，就应该主动请求换位或挪动一下坐椅。

礼仪提醒

公关人员拜访做客，一定要讲究卫生，不要把主人的房间弄得遍地烟头果皮、东西乱七八糟。如果带有小孩，则要教育其懂事听话，莫乱跑、乱翻、乱叫。良好的礼仪形象才能让拜访不虚此行。

◇ 客随主便，不要喧宾夺主

无论是到办公室还是到家中拜访，一定要"客听主安排"，虽然不是"不可多说一句话，不可多走一步路"，但也应放弃一些自由，应充分体谅主人。例如：主人没有邀请你参观他们的其他房间或设施时，不应主动提出参观；更不能未经主人许可就到处乱窜，特别是到人家里访问时更应注意这一点。有的人到别人家就像在自己家一样乱翻乱动。这也是对主人的不尊重的表现。翻阅朋友家人的书报杂志，也最好征求一下主人的意见，否则一旦因翻取书报杂志而无意中暴露了主人夹在报刊中的隐私，也会使双方都觉得难堪。当然更不可随意拉开主人的抽屉、衣柜，不要轻易打听主人的东西值多少钱，在哪里买的等等。

◇ 拜访交谈，要做到心中有数

适当的寒喧后，应尽快切入主题，不要东拉西扯，浪费时间，交谈时要围绕主题。

在一般情况下，在拜会之时，宾主双方都要尽快地直奔主题，接触实质性的问题，并力争解决问题。不要临阵怯场，言不及义；或是随意变更主题，令双方无所适从。

拜访者须要力求做到语言适度，表达准确，不夸大其词，亦不要过于谦卑。特别是在一些商业性或政治性拜访中一定要做到：能够做到的事情要大胆地说，而且要充满自信；做不到的事情，不要信口开河，要以实相告；眼前暂时做不到的但通过努力可以做到的事情要留有余地，恰如其分地说。交谈时，要尊重主人，不可反客为主，口若悬河。喋喋不休。忽视交谈对象的反应，是谈话技巧之大忌，也是失礼的表现。

4. 适时地告辞，礼貌致谢

拜访交谈时要注意掌握时间，如果客人与主人双力对会见的时间长度早已有约在先，客人务必要谨记在心，认真遵守。假如双方无此约定，通常一次一般性的拜访应以一小时为限。初次拜会，则不宜长于半个小时。宁愿和对方在兴趣最浓的时候分手，也不要拖到彼此兴趣索然的时候。如果主人心神不定，不停地看表或接听电话，面露难色，欲言又止，说明主人已无心留客，这时就应主动告辞。

在出门以后，即应与主人握手作别，并对其表示感谢。在你走出几步，或在街巷拐弯处，回过身来说"请回"，"请不要送了"，"请留步"，或"好了，再见"等客气语。不可把主人甩在后头，头也不回地大踏步昂首而去；也不要任由对方"十八相送"，或是长时间地在门外与主人恋恋不舍地大说特说"车轱辘话"。

回到家后最好给主人打个电话，既让主人放心，又表达感谢之意。

礼仪提醒

一旦提出告辞，便要尽量做到"言必信，行必果"，任凭主人百般挽留，都要坚辞而去。不要一而再、再而三地嘴上说马上走，大腿却不动分毫，这样拖延时间，赖着不走，会给主人留下不好的印象。

二、公关人员的接待礼仪

在公关工作中，有拜访就有迎访接待。同拜访者要讲礼仪一样，迎访者作为主人和被访者，也要讲究接待的礼仪。具体说来，在公关迎访礼仪中，包括迎客、待客和送客三个方面。热情、周到、礼貌，并尽最大努力接待好客人，是接待礼仪总的要求，公关人员只有按这一要求做好迎访工作，客人才会有宾至如归之感，才能促进主宾双方关系得到进一步发展。

1. 迎接访客要做好准备工作

在迎接客人之前，要做好充分的准备工作，做到有备而无患，使客人有宾至如归的感觉。

◇ 了解客人基本情况

迎访的准备工作，首先应从了解客人的情况入手，以便进一步安排接待工作。主要了解：

- 来客的姓名、身份、人数；
- 来访的目的；
- 到来的时间，乘何种交通工具。

◇ 确定接待规格

接待亲友，当然不存在规格问题，但如果是举行会议、典礼等礼仪形式或单位间交往，则应考虑接待的规格了。所谓规格，就是接待的隆重程度和迎接人员的身份安排。**确定接待规格，主要依据来客的身份和来访目的，同时还应考虑双方的关系**。主要迎接人，一般应与来宾的身份相当，这叫对等接待。如果是有上下级关系的来客，则应主要根据来者的目的确定。如系前来处理重大问题，参加重大的会议等，接待则应隆重些，主要迎接人应当身份高一些；如系途经本地、参加一般会议、处理日常事务等，接待时派个代表或由办公室人员迎接即可。

◇ 待客用品要求

客人来访之前，需要准备好必要的待客用品，以备客人之用。通常，必不可少的待客用品有以下几种：

- 饮料、糖果、水果和点心。它们是待客时必不可少的。
- 香烟。吸烟有害健康，待客时可以备香烟，并相让客人，但是不能勉强对方。
- 报刊、图书、玩具。它们可供随客人而来的孩子们使用。

◇ 膳食住宿要求

作为主人在接待来客时，预先一定要准备好膳食，在会面之初，就向客人表明留饭之意。千万不要忽略此事，更不要只顾自己用餐，让客人空腹而归。

假如客人是远道而来的朋友，一定要为其安排住宿。家中或单位不具备留宿条件的话，事先须向对方说明，并主动安排其住进适宜的酒店。

◇ 交通工具要求

接待远道而来的客人时，要事先考虑其交通问题。若力所能及，最好主动为客人安排或提供交通工具。

礼仪提醒

公关人员为来访客人安排交通工具，要讲究善始善终，不但客人来时要管，客人走时也要管。这样做，不仅是为客人排忧解难，而且也能体现主人的待客之道与善解人意。礼节周详才能办成大事。

2. 礼待宾客须守身份对等原则

在公关活动中，为了以礼接待各界同仁，必须按照公关礼仪的惯例和规范，在接待工作中，坚持身份对等原则。

身份对等，是指己方作为主人，在接待客户、客商时，要根据对方的身份，同时兼顾对方来访的性质以及双方之间的关系，安排接待的规格，以便使来宾得到与其身份相称的礼遇，从而促进双方关系的稳定、融洽与发展。

这项原则，要求在接待工作中，应把对方的身份置于首要的位置，一切具体的接待事务均应依此来确定。

根据身份对等的原则，己方出面迎送来宾的主要人员应与来宾的身份大体相当。 若己方与来宾身份对等的人员身体不适或忙于他事难以脱身或不在本地，因而不能亲自出面迎送来宾时，应委派副手或与其身份相近的人员出面接待，并在适当的时刻向来宾做出令人信服的说明和解释，以表示己方的诚意。

同样，己方人员在与来宾进行礼节性会晤或举行正式谈判时，也必须使己方到场的人数与来宾的人数基本上相等。另外，己方在为来宾安排宴请活动或为其准备食宿时，亦应尽量使之在档次、规格各方面与来宾的身份相称，并符合客人们的生活习惯，体现东道主对客人的关心与照顾。在接待外商时，更应注意这一点。

在公关活动中贯彻身份对等的原则，是为了更好地确定宾主双方都能够接受、都能够感到满意的接待标准，也是为了充分地表达东道主对来宾的尊重与敬意。

礼仪提醒

在某些特殊的情况下，有的公关人员为强调自己对宾主双方特殊关系的重视和对于来宾的敬重，特意打破常规，提高对来宾的接待规格，这也是可行的，但不宜多用。

3. 迎接来客需要礼仪到位

迎客礼仪一般包括会面、乘车、入室等几个环节。

◇ 会面

"出迎三步，身送七步"这是我国迎送客人的传统礼仪。接待客人的礼仪要从平凡的举止中自然地流露出来，这样才能显示出主人的真诚。客人在约定的时间按时到达，主人应提前去迎接。见到客人，主人应热情地打招呼，主动伸出手相握，以示欢迎，同时要说"您路上辛苦了"、"欢迎光临"、"您好"等寒暄语。如客人提有重物应主动接过来，但不要帮拿客人的手提包或公文包。**对长者或身体不太好的客人应上前搀扶，以示关心。**

◇ 乘车

上车时，接待者应为客人打开车门，由右边上车，然后自己再从车后绕到左边上车。车内的座位，后排的位置应当让尊长坐（后排二人座，右边为尊；三人座中间为尊，右边次之，左边再次），晚辈或地位较低者，坐在司机旁边的座位。如果是主人亲自开车，则应把司机旁边的位置让给尊长，其余的人坐在后排。在车上主人应主动与客人交谈，同时还可以把本地的风土人情、旅游景点介绍给客人。车到地点后，接待者应先下车，为客人打开车门，请客人下车。

◇ 入室

下车后，陪客者应走在客人的左边，或者走在主陪人员与客人的后面。到会客室门口时，主陪人员或陪客者应打开门，让客人先进，并将室内最佳的位置让给客人。如果客人脱下外套、帽子等，或放下随身携带的包袋，主人应主动接过替客人存放妥当。同时，还要按照礼仪把客人介绍给在场的有关人员。

有时会遇到个别客人不期而至，对不速之客的到来，出于礼貌，不能拒之门外或表现出不高兴，使客人进退两难。不管自己正在做什么，都应该尽快让进屋里，问明来访目的，酌情处理，切忌让家人出面打发了之。

万一客人来访时，自己正欲出门，如不是急事或有约，应先陪客人；如有急事或约会必须离开，也应了解客人来访意图，视情况另约时间。

客人落座后，应热情敬茶或摆上水果、糖、点心、饮料等。敬茶的茶具应清洁，敬茶时双手端杯，一手执耳，一手托底。到吃饭时，应挽留客人吃便饭，如客人留下一起用餐，家里的菜肴可视情景比平时丰盛一点，但也不必满桌山珍海味，追求饭菜档次。但如果事先未做准备，则不必故作客气，否则，一旦客人决定留下用餐，反而不知所措，造成双方的尴尬。

礼仪提醒　　如果客人寻访的是你的朋友时，正巧他要找的人不在，这时你也应主动热情接待来客。客人告辞时，可请其留下便条，以便帮他转达。

◇ 谈话

谈话是待客过程中的一项重要内容，是关系到接待是否成功的重要一环。公关人员在与来客谈话中要注意做到以下几点。

①谈话要紧扣主题。**拜访者和接待者双方的会谈是有目的的，因此谈话要围绕主题，不要偏离主题**。如果是朋友之间的交流，要找双方都感兴趣的事情谈，不要只谈自己的事情或自己关心的问题，不顾对方是否愿听或冷落对方。

②要注意谈话的态度和语气。谈话时要尊重他人，不要恶语伤人，不要强词夺理，语气要温和适中，不要以势压人。

③会谈时要认真听别人讲话，不要东张西望表现出不耐烦的表情，应适时地以点头或微笑做出反应，不要随便插话。要等别人谈完后再谈自己的看法和观点，不可只听不谈，否则，也是对别人不尊重的一种表现。

④谈话时要注意坐的姿势。

⑤不要频繁看表、打呵欠，以免对方误解你在逐客。

◇ 陪访

在陪同客人参观、访问、游览时，要注意以下几方面：

①要在接待计划中事先安排，提前熟悉情况，以便向客人做详细的介绍。

②要遵守时间，衣冠整洁，安排好交通事宜。

③陪同时要热情、主动，掌握分寸。不要冷淡沉默，也不可过分殷勤，要做到不卑不亢。

④游览时要注意照顾客人的安全，门票、车票费用尽量由主人支付。

4. 客人告辞莫忘以礼送客

送客是接待的最后一个环节，如果处理不好将影响到整个接待工作的效果。送客礼节，重在送出一份友情。

公关人员要重视送客礼仪，具体说来应注意如下两点。

◇ 婉言相留，欢迎再来

无论是接待什么样的客人，当客人准备告辞时，一般应婉言相留，这虽是客套辞令，但也必不可少。**因为有些客人本来还想与主人作进一步的交谈，但为了试探主人的态度或者恐怕打扰主人，于是就以告辞来观察主人的反应，因此主人一定要热情挽留**。但是如果客人坚持要走，也要等客人起身后，主人再起身相送，不能客人一说要走，主人马上站起相送，或者站起来相留，这都有逐客之嫌。送客时应主动与客人握手道别，并送出门外，或送至楼下。

不要待客人走时主人还无动于衷，或点点头或摆摆手算是招呼，这都是不礼貌的。

最后还要用热情友好的语言欢迎客人下次再来。

◇ 规格对等，安排交通

送别客人时应按接待时的规格对等送别，不能虎头蛇尾。无论客人的目的是否达到，都要按照原来接待的规格送行，并且还要做好交通方面的安排，帮助购买车票、船票或机票并送其至车站、码头或机场。如果客人临别时主人不管不问，那就意味着交往关系的破裂，或者是表示对客人的不满。如果客人来访时带有一些礼品，那么在送别时也要准备一些礼品回赠客人。

中国古代就有"折柳送客"这一礼俗。所谓折柳相送有三层含义：其一，表示挽留之情，因为"柳"与"留"谐音，以示主人挽留之意；其二，表示惜别之意，朋友相别，依依恋情，犹如柳丝飘悠；其三，祝愿客人随遇而安，因为柳枝具有插地即活的特性，也寓意客人随处皆安。

第三章

各类公关文书
与公关广告礼仪

公关文书泛指在人际交往或公关活动中所采用的以书面语形式进行沟通和交流的文字形式，包括各类礼仪文书、公关新闻稿和公关广告等。公关书面文书作为现代社会公关部门与广大公众沟通信息的传播载体，是公关礼仪的具体体现。

各类公关文书是对公关对象施加影响的重要方式和手段，有着不可替代的宣传、协调作用。所以，公关人员需要讲究公关礼仪文书和公关广告的各种礼仪。只有这样，才能与公众之间加深了解，交流畅通，从而在公众心目中塑造完美的形象。

一、公关礼仪文书的撰写

公关礼仪文书主要是祝贺信、感谢信和慰问信、致意信、道歉信等。作为公关人员需要掌握这些基本的礼仪文书的撰稿礼仪。

1. 祝贺信：衷心祝贺，热情洋溢

祝贺信是用于表示祝贺之意的书信形式。如某个组织或个人在某方面取得了巨大成就，某组织召开了重要会议，某项重要工程胜利竣工，某位重要人物的寿辰等，都可以用贺信（也可用贺电）的形式表示祝贺。

祝贺信的书写格式与一般书信大体相同，只是写作时在第一行正中的位置要写"贺信"两个字。此外，正文部分要注意几个方面的内容：首先，概述背景情况，说明祝贺什么；其次，简要说明对方所取得的成绩，或会议的重要性，或寿诞之人的贡献与品格；再次，表示热烈地衷心地祝贺与赞颂，也可写上鼓励与希望，或祝贺者的决心；最后，写上表示祝愿的话，如"预祝大会圆满成功"、"祝取得更大成绩"、"祝健康长寿"等等，并另起一行，在右下方写上发信组织的全称或个人的姓名。

【例文】

贺 信

首届全国网络营销工作会议的同志们：

网络营销在我国还是一项新事业，它是伴随着互联网技术的发展而发展起来的。搞好这项工作，对于繁荣经济、促进商品交流、沟通企业联系、建立新型经济关系都有着积极的作用。两年来，在同志们的努力下，我国的网络营销事业取得了可喜的成绩，应该予以肯定。

发展网络营销事业，一定要坚持社会主义市场经济条件下市场营销的基本准则。坚持为全面建成小康社会服务的方向。你们选评了 39 个网络营销搞得好的大中型企业加以表彰，这是一件好事。希望网络营销的同志们

献计献策、积极行动，为繁荣经济尽一份责任。

预祝会议圆满成功。

×××

××××年×月×日

2. 感谢信：深情表达，格式规范

感谢信是一种常见的公关文书，在写作礼仪要求上有相通之处。

感谢信是向对方的关心、帮助、支持表示感谢的书信。它具有公开性、赞扬性的特点。

感谢信的格式与祝贺信的书写格式类似，但标题是"感谢信"或"致×××的感谢信"，且内容主要是表达感谢的心情。因收信人及事迹都与写信人有关系，所以，在正文中要把对方的先进事迹写清楚，并表示向对方学习的决心；结尾部分往往有一些表示感谢的话，如"再一次表示衷心的感谢"、"致以最诚挚的敬礼"，等等。

【例文】

致××客户的感谢信

尊敬的××客户：您好！

值此 2011 新春来临之际，怀着感恩的心情，我谨代表我公司全体同仁向您及家人表示最诚挚的新春祝福和最衷心的感谢，感谢您一直以来对我公司的信任和支持——

八年风雨征程，见证着我公司的成长、进步与发展。如今的我公司，已经发展成为集原材料的配送、生产、加工、研发、营销推广于一体的中国印刷行业的重要企业，她以无可争议的经营实力和品牌价值，稳居中国印刷行业百强之列。我们感恩社会，是社会给了我们生存发展的机会和环境；感恩客户，是你们选择了我公司，是你们用智慧帮助我公司开拓了市场，为我们提供订单；是你们及时地反馈市场信息，使得我公司产品在升级换代过程中成功赢得了市场。

饮水思源，我们深知，我公司的发展和壮大，一刻也离不开您的关注、信任、支持和参与。能与尊敬的各位客户结成合作伙伴，实现互利共

65

赢、共同发展，我们感到荣幸之至。今后我们将不断开拓进取，凭借优质的产品、良好的信誉和周到的服务，为广大客户朋友提供更为广阔的发展空间。我们完全相信，只要有您的支持合作，只要我们不断努力，我们共同的事业一定会有大空间、大作为、大发展。

在过去的日子里，我不知道您是否烦过我向您介绍产品，是否对我的服务感到满意，但我从内心深处都希望您拥有快乐。让客户快乐，就是让客户对产品产生值得拥有的快感，和真正拥有产品后的快乐。这是其他工作所无法做到的。所以我不止一次地告诫自己，决不要因为情面而不向客户销售快乐，也决不要轻易对这个销售行业说"不"，我要在这个销售行业中坚定地走下去并给更多的人送去满意的服务！感恩支持、帮助过我的客户朋友们，是你们对我的支持、热情、信赖，给了我前进的信心和勇气；是你们的信任与关爱引领着我走向一个又一个的辉煌！因为我知道，只有有了你们的支持与帮助，才有了我的存在，而只因有了我，也才有了这份来之不易的工作。从这个意义上讲，广大客户就是我的"衣食父母"。

由衷地希望在2013年我和您一起志存高远、追求卓越！期待着与您更加紧密地合作，携手共创印刷事业新天地！愿您能在未来的日子里，继续给我更多的支持和帮助，助我在这个行业中快速成长！再次感谢您的信任和合作，恭祝您身体健康！阖家幸福！事业兴旺！

×××印刷制品有限公司

3. 慰问信：文字朴实，措辞准确

慰问信是以组织或个人名义向对方表示慰问的书信（也可以用慰问电）。它具有鼓励性、慰问性的特点。

此类书信多是向做出贡献的组织或个人表示慰问，或向遇到困难、遭受重大损失和不幸的公众表示同情、慰问以及节日慰问。慰问信的格式与祝贺信类似，标题可用"慰问信"或"×××致×××的慰问信"。慰问信语气要亲切，态度要诚恳，文字要朴实，措辞要准确，特别是表示同情、安慰的慰问信，更要注意分寸。

一封真切动人的慰问信，会给对方带来莫大的欣慰，增强对方克服困难、战胜灾难的勇气和力量。

慰问信切忌以不必要的言词勾起对方的痛苦回忆，更不能责备对方的过失。慰问信要写得真挚诚恳，同时还要及时写好、及时发出，否则就没有意义了。

【例文】

中秋节国庆节慰问信

各项目部全体同志：

又是一年中秋，秋风送爽，瓜果飘香。值此中秋、国庆"双节"来临之际，我们向为了企业的兴旺发达，舍己弃家奔赴全国各地全身心地投入各施工生产项目，为公司发展做出重大贡献的全体同志致以亲切的节日慰问和美好的祝愿！

中秋是明月高照的日子，中秋是万家团聚的日子，今年的中秋与国庆节连在一起，天上的月儿也一定分外皎洁。大部分同志已有半年甚至一年没有与家人团聚了，尤其是在中秋月圆、欢度国庆的双节期间，为了确保工期、信守合同，你们以项目工作大局为重，仍然坚守工作岗位、忠于职守。我们有理由相信，公司有诸位这样一批辛劳工作、兢兢业业的同志，就一定能够战胜各种困难，并以此为起点，揭开新的发展篇章，实现新的历史跨越，与时俱进，再迎成功！

最后，我们再次祝愿公司全体同仁节日愉快，家庭幸福美满，亲人健康快乐，更祝愿我们的公司蒸蒸日上，再铸辉煌！

×××有限公司

2012 年 9 月 24 日

4. 致意信：真挚情意，表达祝愿

致意信是一种综合性的书信，可以包含通知、感谢、慰问、邀请、祝贺等全部或其中的几种意思在一起，向对方表达一种真挚的情意。

【例文】

致新乐计算机公司建立 20 周年的贺信

新乐计算机公司全体同志：

喜闻 9 月 5 日为贵公司成立 20 周年纪念日，谨此向你们表示热烈祝贺！

20 年来，贵公司在党的领导下，发扬自力更生、艰苦奋斗的精神，为开创我国的计算机事业做出了重大贡献。贵公司锐意改革，积极引进国外先进技术，结合我国实际情况，研制了一批具有中国特色的居于国内先进水平的新型电子计算机，为我国的现代化建设事业做出了贡献。贵公司在对内搞活、对外开放，提高经济效益等方面，都走在同行业的前面，并提供了可供借鉴的宝贵经验。我们为你们取得的重大成就，再一次表示衷心的祝贺！

贵我两公司有着传统友谊。我们自建立初期，就得到了贵公司在人力、物力尤其是在技术人才方面的大力支援。令人难忘的是，去年上半年，由于我公司领导班子更换频繁，管理不善，信息不灵，产品质量不过硬，一度处于十分困难的境地。在此危难关头，贵公司派出了强有力的管理干部和高水平的技术人员，无私地给予我们真诚的、兄弟般的帮助，使我公司终于摆脱了困境，一举跨进先进行列。我们深知，我公司的兴旺发展，是与贵公司的支持、帮助分不开的。在此向你们表示由衷的感谢！

最后，祝贵公司在研制名优产品方面更上一层楼！

此致

敬礼

北京新华宇计算机公司

2011 年 9 月 2 日

5. 道歉信：态度诚恳，消除误解

道歉信是因工作失误，引起对方的不快，以表示赔礼道歉，消除误解，增进友谊和信任的信函。

【例文】

道歉信二则

(一)

×××经理：

您不远千里，赴我单位参加开业庆典活动，我对您深表感谢。另外，由于我单位工作安排上的不周和失误，致使您在我单位招待所丢失了贵重物品，在此向您表示诚挚的歉意。在您离开之后，我们配合当地公安机关已经破获了这起案件，并追回了您的丢失物品，现由我单位公关部邵小姐送还于您，望您查收为盼。由此给您带来麻烦和不便，本人再次表示道歉，请您予以谅解。

此致

敬礼

×××

××××年××月×日

(二)

××先生：

承蒙您的信任，委托我所办理××证件。本人于本月三十日、三十一日两次前往有关部门找人联系，因办证时期已过，没有办成。昨天本人又找有关部门协商，仍然没有结果。在此仅向您表示歉意。另据该办证部门人员介绍，明年此类证件的办理可能会提前，约在二月初即可办理，到时您若仍然需要，本人愿不遗余力，再次为您效力。

另外，上次本人去贵地，受到您的盛情招待，在此再次表示感谢。

此致

敬礼

×××

××××年××月××日

二、公关新闻稿的撰写礼仪

新闻稿也是一种重要的公关书面语。在当今各种机构的公关活动越来越丰富的情况下，新闻稿作为一种重要的展示公关形象的书面媒介也越来越凸显它的重要性。公共关系工作重视对媒介的研究和运用，因而新闻稿这部分内容在公共关系学中经常得到强调。

1. 新闻稿：重视时效，不缺要素

新闻是对新近发生的，具有传播价值的实事所作的报道，因此新闻稿在内容和形式上非常注意真实性、时效性、重要性、特殊性。所谓真实性，即是要求新闻稿所报道的内容是真实可信，而绝非任意杜撰，真实是新闻的基础或"生命"；所谓时效性，即是新闻稿所报道的内容在时间上是有所要求的，只有在一定的时间内所发生的事情方可能被新闻媒介所聚焦，超出了一定的时间范围，事件就没有新闻性了；所谓重要性，即是要求新闻稿件所报道的事件应该是值得报道的，具有传播价值，应该晓喻社会或千家万户，它的传播对于国计民生能产生一定的影响。大千世界每时每刻所发生的事情都是非常繁杂的，但是并不是所有事件都值得传播，因而新闻素材是需要发掘挑选的；所谓特殊性即是指新闻报道要追求新闻传播效果就必须捕捉不寻常的奇特事件，这样更会引起人们的注意，人们常用"狗咬人不是新闻，人咬狗才是新闻"这句话来表达新闻稿内容的特殊性。

新闻稿的要素可概括为五个"W"和一个"H"，即 When（何时）、Where（何地）、Who（何人）、（What）何时、Why（何故）和 How（如何），分别反映新闻事件发生的时间、地点、人物、原因、经过和结果。

新闻稿的结构主要包括标题、导语、主体和结尾四部分。标题可称为新闻稿的"眼睛"，因为它要对读者产生"第一吸引力"，所以新闻稿标题

的撰写非常重要。导语是新闻稿的开头，也是一种独特结构形式，它的作用是以简洁的语言概括新闻的主要内容，揭示新闻稿所要概括、反映的事件的叙述和展开，也是新闻稿的核心部分。结尾是新闻稿的收束部分，它应该是以总结性语言或启示性语言，起到画龙点睛的作用，给新闻稿开拓出一片令人回味的空间。

从具体形式上看，新闻稿可分为消息稿、通讯稿、评论稿等形式。本节对公关新闻稿礼仪的探讨主要就围绕着上述三种具体稿件展开。

2. 消息稿：简明扼要，言之有物

消息也是一种新闻体裁，并且是新闻报道中最常使用的文体。一般而言，所谓消息就是对新近发生的具有社会意义的事件所作的简要报道。传播迅速、篇幅短小、时效性强是消息稿的特色优势。

从公共关系对媒体的要求来看，公关消息稿主要包括以下几类。

◇ 动态消息稿

动态消息稿是对正在发生或新近发生的事件所作的简洁报道，它的最大特色是短、快、新，所占用篇幅不长，基本上是一事一报道，并且所报道的均是最新的事实，是各类新闻的"先行官"。

◇ 综合消息

综合消息是指对一个时期内的某一地区、某一系统中带有全局性的多个事实所作出的报道，实际上也就是对若干动态消息进行的综合报道。**综合消息的特点是：报道面广，声势较大，倾向性比较明显，篇幅和容量较之动态消息要长和多，思想内涵也更为深刻。**

◇ 经验消息

经验消息也称为典型报道，是专门对组织或个人在工作中所取得的成就，获得的经验教训而作的报道。经验消息一般包括交待情况、叙述做法、反映变化、总结经验等几部分。经验消息在写作上特别注意突出经验的社会效用性，以期能够通过报道产生一定社会价值。

从公关礼仪的基本要求出发，公关消息稿的撰写应注意以下问题。

① 用语要简洁精练，切忌拖沓冗长，不要与消息稿的基本要求相违背。

② 要言之有物，不能空发议论，要尽可能给读者以启迪。

③ 所报道的素材必须是客观真实的，所使用的语言也应准确；绝不能凭空捏造，或移花接木，添枝加叶。

④ 语言要突出思想性，要坚持爱憎分明的立场，不能用含糊性、缺乏思想内涵的语言。

尽管消息稿不同于一般文学作品。但在遵守新闻报道规律的基础上，消息稿语言也要体现出特色，或轻松或严谨，或亮丽或质朴，或饱含深情或以理服人，使人读后能留下深刻印象。

3. 评论稿：立意高深，巧妙论证

评论稿是指一定组织或个人就当前具有普遍意义的新闻事件和重大问题发议论、讲道理，有着鲜明针对性和指导性的一种论说文稿。相对于一般的新闻稿，其具有以下几个突出特点。

一是它以新闻提供的事实为出发点，深入挖掘事实表象所掩盖的本质现象，然后分析说理，由点到面，由表及里，深刻揭示事实所蕴涵的道理，直接阐明作者对问题的看法，反映宣传的意图，不仅给公众以"知"，而且还能给公众以"感"和"悟"。

二是它能够使新闻的内在思想得以引申、提高和升华，在事实要害处"说长道短"，使公众产生"一吐为快"的感觉。

三是在手法上，它以议论为主，讲究概念、判断、推理的运用，要求论点准确，论据充分，论证具有逻辑性，这样才能够在充分占有事实的基础上对主题作更充分、更深刻的揭示。

评论稿的写作技巧主要可概括为以下几个方面。

◇ 要有好的选题和立意

所谓选题，即是指所要评述的事物或要论述的问题；所谓立意，即是指作者对所评述的事物或问题所表达的观点和看法。从选题的角度看，要针对工作中普遍存在的倾向性问题或薄弱环节，进行理性审视，从而找到新闻评论题目；要针对公众普遍关注而又疑惑不解的问题，进行透视或澄清，从而找到新闻评论题目；从弘扬正气、倡导文明方面，找出论题；还可以抓住生活中不科学但又习以为常的行为习惯以及人们在认识上模棱两可的问题作为论题。而从立意上看则要求切合实际，恰如其分；有的放矢，针对性强；分析透彻，思想深刻。

◇ 要巧妙论证，合理谋篇

从评论稿的论证方法上看，要根据具体的问题选择恰当的论证方法，一般常采用的论证方法有：例证法、引证法、比较法、喻证法、归谬法。同时还要采用合理的逻辑推理形式，新闻评论稿中常用的逻辑推理形式有：直接推理、演绎推理、归纳推理、类比推理等。从谋篇的角度看，所谓谋篇就是决定评论稿的布局。**就一般情况而言，提出问题、分析问题、解决问题是新闻评论的布局程序**。根据这个程序，文章的谋篇结构一般由引论（开头）、正论（展开部分）、结论（结尾）三部分构成。

◇ 要注意语言文字上的技巧

评论稿的用语要准确、简单、富有哲理，不宜大量使用记叙、描写的语言，否则评论文章就变成记叙文了。同时严肃与生动的统一是评论语言追求的方向，要做到这一点就应该注意适当运用这样一些形象化手段：以议为主，夹叙夹议；寓庄重于诙谐，通过比喻和拟人化等修辞方法来说明不容易理解的深奥的事物；化平凡为神奇，运用通俗化的口语或成语、民间谚语来说理。

礼仪提醒

公关人员在写作评论稿时，要注意评论稿的用语。做到表现形式与思想内容的完美结合，既讲究修辞，通情达理，又通俗易懂，深入浅出，言简意赅。

4. 通讯稿：尊重事实，见微知著

通讯是指以叙述、描写、议论为主要表达方式的报道先进人物、典型事件、工作经验的常用新闻文体。它往往具有容量大、内容具体详尽、形式灵活多样、不拘一格等特点。

◇ 公关通讯稿的分类

从公共关系的特殊要求看，公关通讯稿主要包括以下几种。

① 人物通讯。即以人物为报道对象，以表现人物的思想追求和行为活动为核心内容的新闻稿件。人物通讯在具体内容安排上既可以全部展现一个人的一生业绩，也可以选取其生活中的一个片断或一个典型事例来进行报道，还可以把报道的对象扩大为一个集体来加以描写表现。

② 事件通讯。指以现实生活中具有典型意义的事件为报道对象，以深入发掘和反映事件的本质意义为核心的新闻稿件。**事件通讯侧重于人，它既可以通过展现一种场面的方式来表达提炼思想，也可以通过事件纪实来展现时代精神，或讴歌新人新事或鞭挞恶人恶行。**

③概貌通讯。是以反映组织生产、经营、发展的大致面貌为内容的新闻稿件。概貌通讯是以记事为主，但往往并不完整地展示事件的来龙去脉，侧重通过一些片断描写来概括介绍组织的基本状况，它常以"见闻"、"掠影"、"散记"、"巡礼"、"拾趣"等形式见诸报章杂志。这种通讯稿取材广泛，针对性强，往往产生见微知著、以小显大的效果。

◇ 公关通讯稿的语言礼仪

公关通讯稿的语言礼仪要求既要体现新闻稿件的共同特点，还要展示出其自身的语言特色，具体可概括为这样几个方面。

①用语要尊重客观事实。无论报道什么内容都必须实事求是，切忌以虚构浮夸的语言愚弄公众，也不能用模糊性、易引起公众歧议或带有煽动性、误导性的语言进行报道。

② 用语要生动形象，富有感染力。公关通讯稿的语言要达到吸引人、感动人、教育人的目的，特别是在对典型人物和典型事件的报道上，可以

在以实事为基础的前提下恰当地使用比喻、象征、拟人等修辞方式来烘托气氛，阐明事理。

③ 用语要富有人情味。**公关通讯稿的语言使用切忌生僻、空洞、晦涩、干瘪，以免使公众望而生畏，不愿意看，不愿意读。当然情感的流露也应该有一定的限度，不能把人物或事件理想化、模式化。**

通讯稿的用语要具有明确的价值导向性。 即不管是对人物的报道还是对事件、情况的描述，都是要阐明事理，达到扬善抑恶、推动社会文明发展、弘扬时代精神的目的，而绝不能使用背离社会价值导向的用语。

三、 公关广告的撰写

公关广告是公关活动主体为了介绍组织历史沿革、宣传员工形象、树立组织新形象而作的一种公关宣传形式。

一则好的公关广告主要体现在广告语的提炼和撰写上，它既有艺术上的要求，也有公关礼仪上的规范。

1. 公关广告是公关宣传的好形式

所谓公关广告是指社会组织为了在公众心目中树立良好的组织形象，使公众对组织产生好感，从而形成良好的公众关系而进行的宣传和自我推销。因而公关广告可以为组织的生存发展创设良好的公共关系网络服务机制。

公关广告是广告家庭中的重要一脉，从其自身而言它又包含众多不同类型，具体可概括为以下几种。

◇ 形象广告

这种类型的公关广告不是直接推销商品，而是以提高组织的知名度和树立企业形象为直接目标的广告。形象广告的主要内容是介绍组织的历史沿革、业务范围、经营方针、技术状况、生产状况、发展远景，宣传组织的风貌、观念，使全社会对组织的目标、政策、素质、行为有一种总体了解，并在认同的基础上形成良好的形象评价。**所以形象广告的主要功能即是在实现公众与广告接触的基础上，提高对组织的了解认知水平，扩大组织的知名度，并给组织美誉度的提高形成外在压力和内在动力。**

◇ 倡导广告

倡导广告是倡导人们改变某些思维定势和陈旧观念，实现观念更新而发布制作的广告。但需注意的是，倡导广告所引导的观念应当符合社会的价值要求，不能违背社会伦理准则和法律规范，同时所提倡的生活态度和生活方式应该是健康向上，对公众的人格发展应当起着积极的推动作用。当然在现实生活中，一种观念的形成并不是轻而易举的事，不能单纯地靠灌输，而应当采取适当的诱导方式，所以倡导广告在制作技巧上要求更高一些。

◇ 影响广告

影响广告又称为响应广告，是指以组织的名义表示响应政府的某项政策措施或者当前社会生活中某个重大主题而发布的广告。如为了表达自己对社会的爱心，一些组织为响应希望工程的号召而制作相应的广告；还有的组织为了响应政府保护环境的号召，纷纷推出以"绿色"为主题的广告宣传，等等。**借助响应广告，组织可以在与社会认识一致的基础上，较快地提高自己的知名度和美誉度。**

◇ 祝贺性广告

祝贺性广告是指组织利用特殊时机，以恭贺庆祝的方式所进行的广告宣传。通常是以热情洋溢的语言向其他组织或个人、全社会表达自己的关心和热忱。如"××公司向全市人民拜年"，"值此××公司开业之际，××公司总经理××率全体员工致以诚挚的祝贺"，等等。

◇ 致歉性广告

致歉性广告即是当组织由于某种原因对公众或社会利益造成损害时，为了防止不利局面扩大，制止有害影响蔓延，维护组织形象而主动向公众或社会说明真相原因，检讨过失，表达歉意，请求谅解的言行形式。**致歉性广告应该本着严于律己、引咎自责的态度，要言辞肯切，态度端正，绝不能隐瞒事实，欺骗公众，也不能无端地给自己辩解。**

◇ 矫正广告

矫正广告主要是由于客观原因，使企业处于形象危机时采用。广告的发布组织利用报纸、刊物、电台、电视台等传播媒介，让公众了解事实的真相并提出改正措施，在消除公众误解的同时，给肇事者以舆论的压力，从而促使问题更早地解决。尤其对于假冒和伪劣产品，组织还要授之以方法，让消费者学会鉴别真伪，以防止上当受骗。

◇ 告知广告

这类广告主要是把与公众有联系的某条消息告知公众，既为广告者作宣传，又表现出对公众的尊重，方便了公众，带有一定的礼节性。如"某某公司迁址"、"××企业开张""××电话升位"等等。这类广告往往以"公告"、"启示"的形式出现。

这类广告要把时间、地点、单位、事项、情况简介写清楚，不需多余的话。适当的地方要采用礼貌用语。

告知广告如"电话号码升位"、"火车新时刻表"、"××公司迁址"等，只有在公众与之发生了直接关系时，才会感到其重要，其给公众带来了方便和更多的选择性，从而使公众对广告的发布组织产生好感。

礼仪提醒

无论哪种公关广告，都必须遵守相关法规的规定，讲究真实，表露真情，吐露真言。如果不以事实为依据，或夸大、缩小事实，弄虚作假，不实事求是，就是愚弄和不尊重广大公众。这样的公关广告是起不到好的作用的。

2. 广告主题决定广告效果

公关广告的主题一般可以分为声誉主题、服务主题和文化建设主题等，也相应地形成了一些基本的文字要求。

◇ 声誉主题

体现这类主题的公关广告是以建立组织声誉为核心内容的，它看重介绍组织的历史沿革、发展规模、主要特色、规模大小、经营发展宗旨等等，使公众看了之后能对组织形成较清晰的整体把握。因而这类主题的公关广告在语言文字上以平实朴素为特色，不追求词藻和文风上的华丽，同时也以简洁为主，不宜拖沓烦琐。

◇ 服务主题

体现这种主题的公关广告侧重于表达组织的服务宗旨，体现服务意识，介绍服务种类等。这种公关广告在文字风格上也应以质朴为准，但可以带有一定的情感色彩，或者上升到一定的"雅"的高度，然而要尽量避免过分夸张和渲染。

◇ 文化建设主题

体现这类主题的公关广告是以介绍概括组织的文化建设为核心内容的。"文化"是一个非常宽泛的概念，组织文化主要是指狭义的精神文化，所以这种文化建设的主题所涵盖的主要有企业的思想工作、职工教育培训、文化娱乐活动开展、人际关系的协调沟通、家庭文明建设等诸多方面。这类广告的文字特点要具有解说性强、说服性强、概括性强、导向性强、明快生动的特点。

3. 精心锤炼广告语言

公关广告语言的运用既要符合、讲究语法、修辞等方面的要求，同时还要遵循、合乎一定的礼仪要求，也就是说公关广告语言的表达要注意礼仪技巧。

公关广告语言的要求主要包括以下几个方面。

◇ 科学性与艺术性相统一

所谓科学性，即是公关广告语言的运用要严谨求实，应与公共关系的基本原则保持一致。公关广告自诞生之日一直到今天逐渐明晰了它的根本原则和宗旨，这就是要坚持实事求是，"公众必须被告之"，决不能以不切实际的言论欺骗公众，扰乱视听。

所谓艺术性，即是公共关系广告的制作要产生理想的传播效果，要真正吸引公众，就必须讲究语言的技巧，研究公众心理，不落俗套，不断创新。

但是从公关广告语言的礼仪要求看，必须将上述两个方面综合起来考虑。**讲究科学性即是要求语言运用切合实际，但又决不能由于强调这一点而使语言变得苍白、干枯、贫乏**；讲究艺术性要求语言清新、活泼，能感染人或打动人，但又决不能以艺术性为由而完全放弃科学性，完全放弃和摒弃科学性的艺术性是偏激有害的，甚至容易沦为"骗术"。

值得注意的是，在现实生活中，许多人往往将公共关系的艺术性看得重于一切，认为它是公共关系生命力之所系，并且是最能表达公共关系内在精神的因素，因而在公关广告语言的选择中尽量选择华丽的词藻，虚夸的文风，脱离实际的修辞，使得公关广告中渗透了许多华而不实的成分，在现实中往往给公众以误导。这种做法既产生非常严重的消极影响，同时也是对公众的不尊重，因为"欺骗就是无礼"。

◇ 通俗与高雅相融合

从广告语言运用的差异性上区分，有人曾将广告分为雅广告和俗广告两类。所谓雅广告即是用较为文雅的词句写就的广告；所谓俗广告即是以通俗直白的词句撰写的广告。雅广告和俗广告的制作主要应根据社会大众的需要、人们的价值选择和审美情趣而定。

广告语言追求一种高雅的格调也就是追求一定的文化品位，但绝不能故作高深，语言晦涩，使公众看不明白，其实高雅并非要通过艰深的词句来表达，它完全可以从格调健康向上，价值引导正确，语言体现出一定的文化修养等方面表现出来。

在中国古代，许多店铺（诸如茶楼、酒肆）都注意以文儒风雅之词推销自己，店铺的楹联、招牌、幌子都可以看做广告的载体，许多广告至今仍然使人回味。

而在今天的社会背景中，通俗化的广告或者广告的通俗化更加引起重视，因为无论何种广告从传播效果上看都应当追求普及化、流行性效应，而通俗化的语言则更容易达到上述效果。**但是语言的通俗既不是庸俗也不是媚俗，而是内蕴着公关礼仪规范。**公关广告语言不流于庸俗就是语言不追求低级趣味，不对人的感官造成消极刺激影响；公关广告语言的不媚俗就是不能把广告的制作奠定在完全迎合世俗、取悦世俗的基础上，而更应该发挥积极正确的价值导向作用。从公关广告的礼仪要求的角度看，它对人们的价值导向作用应当体现在以下三个方面。

● 要引导人们追求合理的生活方式，特别是要引导人们提高个人修养和人生境界。

● 要引导人们积极参与各种公益性社会活动，为社会和他人献爱心。

● 要引导人们提高"公众意识"，充分发挥自己参与社会监督和管理的积极性或主动性。

◇ 语言规范与风趣幽默相贯通

公关广告的语言规范是指广告语要合乎语法或文字规则，不能出现错句、语义不明或模棱两可的情况，也不能出现错字、别字的现象，目前在现实生活中，公关广告语不规范的现象存在得还比较严重，应该引起人们的高度重视。从表面看，语言使用不规范似乎与礼仪的内涵还有一定的距离，实质上则不然。**不规范地使用语言不单纯是广告制作者个人出丑的事，也是体现他是否尊重公众、是否讲究礼仪的基本方面。**

公关广告语言也应当风趣幽默，特别是在给公众提出警告、建议、劝诫时不要总是以冷冰冰的语言，摆出居高临下教训别人的姿态，而应该通过风趣幽默的话语使公众在轻松愉快的心境中体味到广告的真义，这两种不同的语言风格所表达的是对公众的不同态度和情感。如国外一则交通警示广告就体现了风趣幽默的风格。

　　"阁下驾驶汽车，时速不超过三十公里，可以欣赏到本市的美丽景色；超过六十公里，请到法庭做客；超过八十公里，请光顾本市设备最新的医院；上了一百公里，就请您安息吧！"

　　公关广告一定要使用规范的语言，做到字斟句酌。公关广告的语言不规范正如一个人在与他人交谈时，总是词不达意，语言混乱，这既表现了他的文化素质低下，同时也表现了其修养水平不高。

第 四 章

举办各类庆典礼仪

在公关活动中，往往要举行各种仪式，如开业典礼、剪彩仪式、签字仪式等。针对某项业务活动，举行一个气氛热烈而隆重的庆典仪式，是制造舆论，扩大影响，提高知名度的重要方式。

在庆典活动中，往往邀请各方来宾，如党政机关领导、客户代表、合作单位代表、各种媒体的记者等。对于这些各方来宾，都要按照礼仪规范的要求，做好各种接待、招待和安排工作。如果主办者不懂得礼仪规范，就会使庆典气氛和效果受到影响，甚至直接影响到庆典企业或组织的声誉与前途。

对被邀参加庆典的商务来宾也是一样，唯有懂得庆典礼仪，才能使自己顺利完成参加庆典的任务，与主办单位增加感情，密切合作关系，从而对双方的进一步合作产生积极的影响。

一、庆典的基本要求

庆典活动是围绕重大事件或重大节日而举行的庆祝活动仪式。庆典活动的目的，是为了激发某种感情，鼓舞斗志，宣传教育，扩大知名度和影响，树立良好的公众形象。国家一些重大的庆典如国庆，阅兵，香港、澳门回归，三峡大坝合龙等，都不仅是具有历史意义，而且可以振奋民族精神，扬我国威。

庆典活动必须符合礼仪规范，才能收到预期效果。

1. 庆典活动的多种类型

庆典活动的种类很多。有为了纪念某一节日、纪念日而举行的，有为了庆祝某一成就、获得某一荣誉而举行的，有为了庆祝组织机构的成立而召开的，更多的是为一个工程、项目的动工、竣工、开业、结业而举行的。

常见的典礼活动有如下几种。

◇ 节庆典礼

节庆典礼是指围绕重大节日和纪念日举行的庆祝活动。一类是传统的公共节日，如国庆、元旦、春节、建军节、"三八"妇女节、青年节、圣诞节等；另一类是一些纪念日，如企业成立周年纪念日。这类庆典活动一般是定时举行，通常结合当前的中心任务组织。

◇ 庆功典礼

庆功典礼是指根据单位或成员获得某项荣誉、取得某些重大成就、重大业绩、重大进展而举行的庆祝活动。如抗击非典庆功典礼、某市荣获"全国卫生城市称号"、某企业荣获"建设部评定装饰施工一级和设计甲级企业"、某轿车厂"第 100 万辆轿车下线"、某电视机厂"超大屏幕彩色电视机开发研制成功"等。

◇ 奠基典礼

奠基典礼是指重大工程项目如楼宇、道路、桥梁、河道、水库、电站、码头、车站等建设项目正式开工时，举行破土动工的仪式。这类庆典起庆祝性、纪念性作用。**如果是政府投资建设的项目，则需要有关公务员来组织此类典礼。**

◇ 竣工典礼

竣工典礼是指某一工程项目建成完工时举行的庆贺性仪式。包括建筑物落成、安装完工、重大产品成功生产等。这类典礼一般在竣工现场举行。如果是政府投资建设的项目，则需要有关公务员来组织此类典礼。

◇ 通车典礼

通车典礼是指重大交通建筑如公路、铁路、地铁、桥梁、隧道等，在正式交付使用前举行的庆祝活动。如果是政府投资建设的项目，则需要有关公务员来组织此类典礼。

◇ 通航典礼

通航典礼又称首航仪式，是指飞机、轮船正式开通一条新航线时举行的庆祝活动。此类典礼往往由政府的公务员来组织。

礼仪提醒　庆典的宗旨是塑造本组织的形象，显示本组织的实力，扩大本组织的影响。因此，庆典应具有热烈、欢快、隆重的特色。

2. 庆典活动需要合礼规范

典礼是一种常见的隆重的仪式。办一件事通过举行典礼仪式，会产生强烈的效果。一方面，可以表示本组织的郑重、庄严，渲染出与内容相应的浓烈气氛；另一方面，可以引起社会各方面和广大群众的注意和重视，强化效果。那么，庆典的礼仪原则究竟有哪些呢？

◇ 典礼规模要适度

要求典礼的具体形式与规模应与本单位的实际情况相符合，切不可脱离现实，而追求形式主义，虚张声势。

◇ 典礼要合乎规范

典礼最重要的作用，在于它既能吸引外界对于本单位的重视，又能唤起本单位员工的自信心和自豪感。**所以典礼要搞得郑重其事，既合乎规范又富于新意。**

◇ 典礼开支要合理

举行有关仪式时，不仅要尽可能地做到热烈而隆重，而且还要精打细算，避免浪费。

2. 办好庆典要体现特色

庆典的一般礼仪要求主要有以下六个方面。

◇ 体现庆典的特色

庆典既然是庆祝活动的一种形式，那么它就应当以庆祝为中心，把每一项具体活动都尽可能组织得热烈、欢快而隆重。不论是举行庆典的具体场合、庆典进行过程中的某个具体场面，还是全体出席者的情绪、表现，都要体现出红火、热闹、欢愉、喜悦的气氛。

◇ 制定庆典活动方案

每一个庆典活动，必须制定一个活动方案，包括典礼的名称、规格规模、邀请范围、时间地点、典礼形式、基本程序、主持人、筹备工作、经费安排等。庆典活动要执行国家有关规定，重大庆典活动一般要报上一级机关审批，如县一级举办重大庆典活动，要报市委、市政府审批并报省委、省府办公厅备案。其他庆典活动要经有关领导审批。

◇ 做好邀请工作

邀请的来宾一般包括政府有关负责人、社区负责人、知名人士、同行代表、新闻记者、员工代表及公众代表等。邀请应郑重其事，使用印刷精美的请柬，并尽早发出去。

◇ 认真布置会场

会场要突出庆祝的气氛，可以挂横幅，插彩旗，张贴宣传标语。主席台前要摆放鲜花花盆，台布要干净、平整、色彩热烈或纯洁。会场大小与到会人数应相衬，如果会场太大而到会人数相差太远，就会空空荡荡，有一定的冷清感，影响热烈的会议效果。太小，会场容纳不了应该参加会议的人员，使许多人站着、挤着，也不妥当。

◇ 搞好接待工作

庆祝典礼的规模一般都较大，内宾、外宾都有，会议组织者应当妥善做好迎送接待工作。当来宾莅临，便应由专人引入来宾室或会场。**上级部门的领导，应由主办单位负责人亲自迎送。会间要准备好足够的茶水，以备与会者，特别是来宾饮用。**

◇ 安排庆典活动程序

合理安排庆典程序，一般包括：重要来宾留言、题字；主持人宣布活动开始；奏国歌或奏乐，介绍重要来宾；领导人致词和来宾代表讲话；剪彩、参观活动等。有时还安排座谈、宴请、文艺节目等活动。

◇ 制造热烈氛围

会上可以安排一些助兴的项目，造成热烈喜庆的气氛，如在庆典开始前段可以敲锣打鼓、播放欢快乐曲、燃放鞭炮礼花等，会后可以安排与庆典内容、气氛一致的文艺节目。

◇ 发言应精彩

主持者、发言者口齿要清楚，声音要洪亮，发音要标准，语句要娴熟，语调要有宣传鼓动性。当一个发言结束时，主持人要引导与会人鼓掌，这既是对发言者的尊重，也是为了使会议有一个热烈欢快的气氛。

4. 精心做好庆典的准备工作

商务庆典要搞得既轰轰烈烈，又井井有条，就必须做好预先的准备工作。庆典的内容安排，至少要注意出席者的确定、来宾的接待、环境的布置以及庆典的程序四大问题。

◇ 确定出席者名单

确定庆典出席者名单时，始终应当以庆典的宗旨为指导思想。**一般来说，庆典的出席者通常应包括如下人士：上级领导、社会名流、大众传媒、合作伙伴、社区关系、单位员工。**

人员的具体名单一旦确定，就应尽早发出邀请或通知。鉴于庆典的出席人员甚多，牵涉面极广，故不到万不得已，均不许将庆典取消、改期或延期。

◇ 精心安排来宾接待工作

与一般的商务交往中来宾的接待相比，对出席庆祝仪式的来宾的接待，更应突出礼仪性的特点。最好的办法是庆典一经决定举行，即成立对此全权负责的筹备组。筹备组成员通常应当由各方面的有关人士组成，他们应当是能办事、会办事、办实事的人。

在庆典的筹备组之内，应根据具体的需要，下设若干专项小组，在礼宾、公关、财务、会务等方面各管一段。其中负责礼宾工作的接待小组，大都不可缺少。

庆典的接待小组，原则上应由年轻、精干、身材与形象较好、口头表达能力和应变能力较强的男女青年组成。

接待小组成员的具体工作有以下几项。

• 来宾的迎送。即在举行庆祝仪式的现场迎接或送别来宾。

• 来宾的引导。即由专人负责为来宾带路，将其送到既定的地点。

• 来宾的陪同。对于某些年事已高或非常重要的来宾，应安排专人始终陪同，以便关心与照顾。

• 来宾的招待。即指派专人为来宾送饮料、上点心以及提供其他方面的关照。

◇ 环境的布置

应当精心布置好举行庆祝仪式的现场。依据仪式礼仪的有关规范，商务人员在布置举行庆典的现场时，需要通盘思考的主要问题有以下几个。

① 地点的选择。在选择具体地点时，应结合庆典的规模、影响力以及本单位的实际情况来决定。

② 环境的美化。为了烘托出热烈、隆重、喜庆的气氛，可在现场张灯结彩，悬挂彩灯、彩带，张贴一些宣传标语，并且张挂标明庆典具体内容的大型横幅。**如果有能力，还可以请由本单位员工组成的乐队、锣鼓队届时演奏音乐或敲锣打鼓。**

③ 场地的大小。在选择举行庆祝仪式的现场时，场地的大小应同出席者人数的多少相适应。

礼仪提醒

在举行庆典之前，务必要把音响准备好。 尤其是供来宾们讲话时使用的麦克风和传声设备。在庆典举行前后，播放一些喜庆、欢快的乐曲。对于播放的乐曲，应先期进行审查。

◇ 庆典的具体程序

庆典的程序安排是非常重要的，依照常规，一次庆典大致上应包括下述几项程序。

① 预备。请来宾就坐，出席者安静，介绍嘉宾。

② 宣布庆典开始。主持人宣布庆典正式开始，全体起立，奏国歌，唱本单位之歌。

③ 本单位主要负责人致词。致词的内容大体应该是：对来宾表示感谢；介绍此次庆典的缘由；重点应是报捷以及庆典的可"庆"之处。

④ 邀请嘉宾讲话。大体上讲，出席此次的上级主要领导、协作单位及社区关系单位，均应有代表讲话或致贺词。对外来的贺电、贺信等，可不必一一宣读，但对其署名单位或个人应当公布。**在进行公布时，可依照其"先来后到"为序，或是按照其具体名称的汉字笔画的多少进行排列。**

⑤ 安排文艺演出。这项程序可有可无，如果准备安排，应当慎选内容，注意不要有悖于庆典的主旨。

⑥ 邀请来宾参观。如有可能，可安排来宾参观本单位的有关展览或车间等。当然，此项程序有时亦可省略。

在以上几项程序中，前三项必不可少，后几项则可以酌情省去。

5. 出席庆典莫忘礼仪细节

公关人员在出席单位庆典时，应当注意以下几点。

◇ 仪容要整洁

所有出席庆典的人员，事先都要洗澡、理发，男士还应刮光胡须。无论如何，届时都不能蓬头垢面、胡子拉碴、浑身臭汗，否则，显然会给单位的形象"抹黑"，女士应化淡妆。

◇ 服饰要规范

有统一式样制服的单位，应要求以制服作为本单位人士的庆典着装。**无制服的单位，应规定届时出席庆典的本单位人员必须穿着礼仪性服装。** 即男士应穿深色西装套装，配白衬衫、素色领带、黑皮鞋。女士应穿深色西装套裙，配长统肉色丝袜、黑色高跟鞋，或者穿深色的套裤，或是穿花色素雅的连衣裙。绝不允许在服饰方面任其自然、自由放任，把一场庄严隆重的庆典，搞得像一场万紫千红的时装或休闲装的"博览会"。倘若有可能，将本单位出席者的服饰统一起来，则是最好的。

◇ 时间要遵守

遵守时间是基本的商务礼仪之一。对本单位庆典的出席者而言，更不得小看这一问题。上到本单位的最高负责人，下到级别最低的员工，都不得姗姗来迟，无故缺席或中途退场。如果庆典的起止时间已有规定，则应当准时开始，准时结束。要向社会证明本单位言而有信，此其时也。

◇ 表情要庄重

在庆典举行期间，不允许嬉皮笑脸、嘻嘻哈哈，或是愁眉苦脸、一脸晦气、唉声叹气，否则会使来宾产生很不好的想法。在举行庆典的整个过程中，都要表情庄重、全神贯注、聚精会神。**假若庆典之中安排了升国旗、奏国歌的程序，一定要依礼行事：起立，脱帽，立正，面向国旗或主席台行注目礼，并且认认真真、表情庄严肃穆地和大家一起唱国歌。** 此刻，不许不起立、不脱帽、东张西望、不唱或乱唱国歌。在起立或坐下时，把坐椅搞得乱响，一边脱帽一边梳头，或是在此期间走动和找人交头接耳，都应被视为危害本单位形象的极其严重的事件。

◇ 态度要友好

这里所指的，主要是对来宾态度要友好。遇到了来宾，要主动热情地问好。对来宾提出的问题，都要立即予以友善的答复。不要围观来宾、指点来宾，或是对来宾持有敌意。当来宾在庆典上发表贺词时，或是随后进行参观时，要主动鼓掌表示欢迎或感谢。在鼓掌时，不要在对象上"挑三拣四"，不要"欺生"或是"杀熟"。即使个别来宾，在庆典中表现得对主人不甚友善，也不应当场"仗势欺人"，或是非要跟对方"讨一个说法"不成。不论来宾在台上台下说了什么话，主方人员都应当保持克制，不要有吹口哨、"鼓倒掌"、敲打桌椅、胡乱起哄等不良行为。

并且，不允许打断来宾的讲话，向其提出挑衅性质疑，与其进行大辩论，或是对其进行人身攻击。

◇ 行为要自律

既然参加了本单位的庆典，主方人员就有义务以自己的实际行动，确保庆典的顺利与成功。至少，大家也不应当因为自己的举止失当，而使来宾对庆典做出不好的评价。在出席庆典时，主方人员在举止行为方面应当注意的问题主要有以下几个。

• 不要"想来就来，想走就走"，或是在庆典举行期间到处乱走、乱转。

• 不要找周围的人说"悄悄话"、开玩笑，或是朝自己的"邻居"甚至主席台上的人挤眉弄眼、出怪样子。

• 不要有意无意地做出对庆典毫无兴趣的姿态，例如看报纸、读小说、听音乐、打扑克、做游戏、打瞌睡、织毛衣等。

• 不要让人觉得自己心不在焉，比方说，手机"一鸣惊人"，探头探脑，东张西望，一再看手表，或向别人打听时间等。

礼仪提醒　　会议发言不是发言者表现自己滔滔不绝本领的方式，而应当尽可能地简短而精练，还可穿插宣读捷报、喜报、贺电、贺信等内容。

二、 开业典礼和剪彩的仪式

在具体的庆典礼仪中，各种不同的庆典活动内容都有不同的礼仪要求。因此，虽然大多数庆典活动其总的礼仪规范区别不大，但特殊的场合还是有其特殊的要求。作为公关人员，要做到在任何庆典活动中都应付自如，必须对各种具体庆典的礼仪要求做到心中有数，而仅懂得总体规范，显然还是不够的。

一家商业企业落成开业，在开张之时都会借此机会举行一次隆重的热烈的开业典礼，以便给公众留下深刻的印象，从而提高企业的知名度。

开业的礼仪，一般指的是在开业典礼的筹备与运作的具体过程中所应当遵从的礼仪惯例。通常包括以下几个方面的内容。

1. 周密地筹备开业典礼

筹备开业典礼，一般遵循"热烈"、"节俭"与"缜密"三原则。所谓"热烈"，是指要想方设法在开业典礼的进行过程中营造出一种欢快、喜庆、隆重而令人激动的氛围，而不应令其过于沉闷、乏味。所谓"节俭"，是要求主办单位勤俭持家，在举办开业典礼以及为其进行筹备工作的整个过程中，在经费的支出方面量力而行，节制、俭省。所谓"缜密"，则是指主办单位在筹备开业典礼时，既要遵行礼仪惯例，又要具体情况具体分析，认真策划，注重细节，分工负责，一丝不苟，力求周密、细致，严防临场出错。

具体而论，筹备开业典礼时，对于舆论宣传、来宾邀请、场地布置、接待服务、礼品馈赠、程序拟定六个方面的工作，尤其需要事先做好认真安排。

◇ 舆论宣传

首先，选择有效的大众传播媒介，进行集中性的广告宣传。其内容多为：开业典礼举行的日期、开业典礼举行的地点、开业之际对顾客的优惠、开业单位的经营特色等。

其次，邀请有关的大众传播界人士在开业典礼举行之时到场进行采访、报道，以便对本单位进行进一步的正面宣传。

◇ 来宾邀请

开业典礼影响的大小，往往取决于来宾身份的高低与其数量的多少。在力所能及的条件下，要力争多邀请一些来宾参加开业典礼。地方领导、上级主管部门与地方职能管理部门的领导、合作单位与同行单位的领导、社会团体的负责人、社会贤达、媒体人员，都是邀请时应予优先考虑的重点。为慎重起见，用以邀请来宾的请柬应认真书写，并应装入精美的信封，由专人提前送达对方手中，以便对方早作安排。

◇ 场地布置

开业庆典的场地布置不仅要排场、隆重，还应有一定的特色。否则会给人千篇一律的感觉。

开业典礼多在开业现场举行，其场地可以是正门之外的广场，也可以是正门之内的大厅。按惯例，举行开业典礼时宾主一律站立，一般不布置主席台或座椅。为显示隆重与敬客，可在来宾尤其是贵宾站立之处铺设红色地毯，并在场地四周悬挂横幅、标语、气球、彩带、宫灯。此外，还应当在醒目之处摆放来宾赠送的花篮、牌匾。来宾的签到簿、本单位的宣传材料、待客的饮料等，亦须提前备好。对于音响、照明设备，以及开业典礼举行之时所需使用的用具、设备，必须事先认真进行检查、调试，以防在使用时出现差错。

◇ 接待服务

在举行开业典礼的现场，一定要有专人负责来宾的接待服务工作。在接待贵宾时，需由本单位主要负责人亲自出面。在接待其他来宾时，则可由本单位的礼仪小姐负责此事。**若来宾较多时，须为来宾准备好专用的停车场、休息室，并应为其安排饮食。**

◇ 礼品馈赠

根据常规，向来宾赠送的礼品，应具有如下三大特征。

● 宣传性。可选用本单位的产品，也可在礼品及其外包装上印有本单位的企业标志、广告用语、产品图案、开业日期等。

● 荣誉性。要使之具有一定的纪念意义，并且使拥有者对其珍惜、重视，并为之感到光荣和自豪。

● 独特性。它应当与众不同，具有本单位的鲜明特色，使人一目了然，过目不忘。

2. 为开业典礼提供规范服务

开业典礼通常都按照约定俗成的形式来进行。开业典礼仪式的现场，应写出醒目的会标，来宾赠送的花篮、镜匾等一定要摆放或者悬挂在适当的位置，以示尊重。企业的全体人员，都要修整仪容仪表，统一着装，精神抖擞、热情饱满地提前上岗。宾客到来之前，要安排好负责人和迎宾人员在规定的位置上恭候来宾光临。**在宾客到来时，应按一定的规则有礼貌地引领来宾入场、安排座次，并给予一定的规范服务。**

开业典礼开始时，主人应首先向来宾简短致词，向来宾及祝贺单位表示感谢，并简要介绍本企业的经营特色及经营目标等。接着，可安排上级领导和来宾代表致词。为了增强气氛，在宣布开业典礼正式开始时，可以请乐队奏乐或播放节奏明快的乐曲，在非限制燃放鞭炮的地区可燃放鞭炮庆贺。宣布开业典礼完毕后，主人可引导来宾到企业内参观，边陪同参观边介绍本企业的主要设施、特色商品和经营设施，并征询来客意见，以融洽与来宾的关系。此外，还可以请来宾到会议室进行简短座谈，请来宾在留言簿上签字，合影留念等。

开业典礼结束后，商品零售企业会有大批顾客随主人及来宾一同进入店内。为此，应有企业领导人、部或柜组负责人和营业员一起，恭敬地站在门口，欢迎顾客光临。对于首批顾客，营业员更应注重服务礼仪，要主动征求顾客意见，热情介绍商品，感谢顾客惠顾，欢迎顾客经常光顾。

为使庆典充分达成举办方的目的，取得良好的宣传效果，庆典的主办方，可以准备一些印有开业典礼、经营范围、地址、电话等字样的特别的购物袋赠送给在场来宾及顾客作为纪念。

3. 剪彩仪式力求隆重热烈

剪彩仪式指的是有关单位为了庆贺企业开工，宾馆、商店、银行的开张，公司的设立开业，高楼大厦的落成启用，道路或航线的开通，展销会或博览会的开幕等，而隆重举行的聘请知名人士用剪刀剪断红色缎带的礼仪活动。**剪彩仪式是一种常用的提高企业和组织的知名度和公众影响的公关宣传形式。**

举行剪彩仪式，在礼仪上应注意隆重热闹。既然叫剪彩，就要张灯结彩。剪彩仪式的会场布置要求喜庆、热闹。剪彩仪式一般包括以下礼仪程序。

◇ 会场应设主席台

主席台上方可悬挂"×××开业（竣工）典礼"的横幅，主席台前面还可以放置一些鲜花和花篮，以呈现出一派喜庆气氛。担任剪彩者，可以是上级领导，或者主管部门的负责人，或者某一方面的知名人士。

◇ 请来宾就位

对于上主席台的人，最好事先通知，到时由工作人员引导入座。在剪彩仪式上，通常只为剪彩者、来宾和本单位的负责人安排坐席。主席台上一般放置姓名牌，以便来宾对号入座。仪式即将开始时，如果不是对号入座，可提醒参加者坐到位置上。

◇ 宣布剪彩仪式开始

会议主持人在宣布剪彩仪式开始后，全体到场者应热烈鼓掌。乐队演奏音乐，如果不是在禁止燃放的地方，现场也可燃放鞭炮助兴。

◇ 奏国歌

在奏国歌时，全体人员必须起立。

◇ 简短发言

主办单位负责人致词，首先感谢来宾的光临。再介绍此次展览会、展销会的宗旨，或是新设施建成的意义。也可安排来宾作祝贺性的发言。

◇ 剪彩

在剪彩前，须向全体到场者介绍剪彩者。剪彩时，主席台上的人员一般要跟随在剪彩者的一至二米处。**剪彩者应不慌不忙，给别人留下一种稳重的姿态**。当礼仪小姐用托盘呈上剪彩用的剪刀时，剪彩者要面带微笑拿起剪刀，然后把彩带一刀剪断，待放下剪刀后，再向周围人群鼓掌致意。全体在场者应热烈鼓掌。

礼仪提醒　　剪彩之后，主人应陪同来宾参观，至此仪式宣告结束。随后，东道主单位可向来宾赠送纪念性礼品，并以自助餐款待全体来宾。

三、签字仪式的礼仪

1. 按礼仪要求排列位次

签字仪式是一项非常严肃的活动，需要慎重对待，每一个步骤都要尽可能地做到认真和妥当。其中最为引人注目的，当属举行签字仪式时座次的排列方式问题。

一般而言，举行签字仪式时，座次排列的具体方式共有三种基本形式。

◇ 并列式

并列式排座，是举行双边签字仪式时最常见的形式。它的基本做法是：签字桌在室内面门横放。**双方出席仪式的全体人员在签字桌之后并排排列，双方签字人员居中面门而坐，客方居右，主方居左。**

◇ 相对式

相对式签字仪式的排座，与并列式签字仪式的排座基本相同。二者之间的主要差别，只是相对式排座将双边参加签字仪式的随员席移至签字人的对面。

◇ 主席式

主席式排座，主要适用于多边签字仪式。其操作特点是：签字桌仍须在室内横放，签字席仍须设在桌后面对正门，但只设一个，并且不固定其就座者。

举行仪式时，所有各方人员，包括签字人在内，皆应背对正门、面向签字席就座。签字时，各方签字人应以规定的先后顺序依次走上签字席就座签字，然后即应退回原处就座。

2. 执行签字仪式的标准程序

签字仪式是签署合同的高潮，它的时间不长，但程序规范、庄重而热烈。签字仪式的正式程序一共分为四项，它们分别是：

◇ 签字仪式正式开始

有关各方人员进入签字厅，在既定的位次上各就各位。

◇ 签字人正式签署合同文本

通常的做法，是首先签署己方保存的合同文本，再接着签署他方保存的合同文本。

商务礼仪规定：每个签字人在由己方保留的合同文本上签字时，按惯例应当名列首位。因此，每个签字人均应首先签署己方保存的合同文本，然后再交由他方签字人签字。这一做法，在礼仪上称为"轮换制"。它的含义，是在位次排列上，轮流使有关各方均有机会居于首位一次，以显示机会均等，各方平等。

◇ 签字人正式交换已经有各方正式签署的合同文本

此时，各方签字人应热烈握手，互致祝贺，并相互交换各自一方刚才使用过的签字笔，以示纪念。全场人员应鼓掌，表示祝贺。

◇ 共饮香槟酒互相道贺

交换已签的合同文本后，有关人员，尤其是签字人当场干上一杯香槟酒，是国际上通行的用以增添喜庆色彩的做法。

在一般情况下，商务合同在正式签署后，应提交有关方面进行公证，此后才正式生效。

四、交接仪式的礼仪

交接仪式是指施工单位或承包单位将已经建设好的工程项目，已完成的承担任务，如厂房、商厦、机器组装、车船制造等，通过验收达标合格后正式移交给使用单位时所举行的庆祝典礼。举行交接仪式，既是对商务伙伴们既往进行的成功合作的庆祝，也是对关心、支持和帮助他们的社会各界表示感谢，又是施工单位和接收单位巧妙利用交接机会，为提高各自的知名度而举行的一种公关宣传活动。

1. 做好交接仪式的准备工作

交接仪式必须在工程完工、任务完成并经验收合格之后举行。仪式的准备主要包括会场的布置、有关人员的邀请与接待等。

◇ 会场的选择和布置

交接仪式的会场一般选择在工程项目的现场或货物移交的方便地带，也可在其他场所举行。不管仪式场地选择在何处举行，作为东道主或交付者一方，均应事先指令专人或组织临时的专门班子，具体布置会场。**会场**

布置既不能铺张浪费，过分华丽，也不能太草率简陋，过于一般，应当善于以适当的形式，渲染、营造一种热烈、隆重和喜庆的气氛。会场正中应悬挂"××工程交接仪式"或"热烈庆祝××装配线正式建成使用"的巨型横幅。在会场的入口处或主席台前，可插置或悬挂一定数量的彩旗。会场上空可牵放带有庆贺标语的彩色大型气球，会场两侧可依次摆放来宾赠送的花篮。

◇ 出席人员的确定与邀请

出席交接仪式人员的邀请，通常应由仪式的东道主并会同接收单位协商确定。交接仪式的出席人员原则上应包括施工或承包单位的有关人员、接收单位的有关人员、上级有关主管部门的负责人及其代表、当地政府的负责人、协作单位的代表、质量检验人员及公证人员、新闻记者等。在仪式举行之前，交接双方的负责人应提前到达会场，在门口恭迎来宾们的光临，并指定专人进行迎送、接待、引导、陪同等礼仪应酬工作。

2. 交接仪式须遵循基本程序

◇ 交接仪式的程序

主办单位在拟定交接仪式的具体程序时，应注意两方面的内容。一是必须在大的方面参照惯例执行，尽量不要标新立异，另搞一套。二是必须实事求是，量力而行，在具体的细节上不必事事贪大求全。从总体上来讲，有下述几个基本程序。

• 主持人请有关负责人到主席台就座，并宣布交接仪式开始，全体与会者鼓掌祝贺；

• 由交付方与接收方正式交换有关工程项目、产品质量的验收文件，并由乐队奏乐或播放节奏明快的乐曲，营造一种热烈隆重的庆典气氛；

• 交接双方代表和来宾代表致词；

• 主持人宣布交接仪式结束。

◇ 交接仪式的注意事项

在参加交接仪式时，不论是东道主一方还是来宾一方，都存在一个表现是否得体的问题。

①东道主应注意的问题。

- 仪表整洁；

- 保持风度；

- 待人友好。

②来宾应注意的问题。

- 致以祝贺；

- 略备贺礼；

- 预备贺词；

- 准时到场。

礼仪提醒

交接仪式结束后，应邀请各方来宾参观有关的工程项目或试制过程。参观之后，还应为各方来宾安排一些文化娱乐活动助兴。圆满成功的交接仪式应该是让来宾乘兴而来，尽兴而归。

第 五 章

举行各类公关会议的礼仪

在公关活动中，召开各种会议是一种重要的公关形式。公关会议与其他类型会议最大的区别，就是礼仪要求更高，程序更加严谨，内容更要符合礼仪规范。新闻发布会需要遵守新闻发布程序，注重发布内容。展览会需要特别注意礼貌待客；茶话会需要营造欢乐和谐的气氛，等等。公关会议是展示公关者良好形象的特殊场合，唯有礼仪周全才会赢得好评。

一、新闻发布会的礼仪

新闻发布会，简称发布会，有时也称记者招待会。新闻发布会是政务会议中特别重要的一种活动，它的内容大都涉及内部重大事情，与会者主要是媒体记者，对举办者来说，举办新闻发布会，是联络、协调与新闻媒介之间相互关系的一种重要方式。因此，一定要做好相关礼仪工作。

新闻发布会的常规形式是：由某一单位或几个有关的单位出面，将有关的新闻界人士邀请到一起，在特定的时间里和特定的地点内举行一次会议，宣布某一消息，说明某一活动，或者解释某一事件，争取新闻界对此进行客观而公正的报道，并且尽可能地争取扩大信息的传播范围。

1. 确定好主题、时间和地点

新闻发布会的主题，指的是新闻发布会的中心议题。主题确定是否得当，往往直接关系到本单位的预期目标能否实现。

一般而言，新闻发布会的主题大致上有三类：一类是发布某一消息；一类是说明某一活动；还有一类则是解释某一事件。

新闻发布会的时间与地点的选择也是一项重要的准备工作。**一般来说，一次新闻发布会所使用的全部时间，应当限制在两个小时以内。**在选定举行新闻发布会的时间时，还须谨记以下四个方面的细节问题。

- 要避开节日与假日；
- 要避开本地的重大社会活动；
- 要避开其他单位的新闻发布会；
- 要避开与新闻界的宣传报道重点撞车或相左。

举行新闻发布会的最佳时间，是周一至周四的上午十点至十二点；或是下午的三点至五点左右。在此时间内，绝大多数人都是方便与会的。

新闻发布会的举行地点，除可以考虑本单位所在地、活动或事件所在地之外，还可优先考虑首都或其他影响较大的中心性城市。必要时，还可在不同地点举行内容相似的新闻发布会。举行新闻发布会的现场，应交通方便、条件舒适、面积适中，本单位的会议厅、宾馆的多功能厅、当地最有影响的建筑物等，均可酌情予以选择。

2. 精心安排好新闻发言人

准备新闻发布会时，主办者一方必须精心做好有关人员的安排。

按照常规，新闻发布会的主持人大都应当由主办单位的有关领导、办公室主任或秘书长担任。他的基本条件是：**仪表堂堂，年富力强，见多识广，反应灵活，语言流畅，幽默风趣，善于把握大局，长于引导提问，并且具有丰富的主持会议的经验。**

新闻发布会的发言人是会议的主角，通常应由本单位的主要负责人担任。除了在社会上口碑较好、与新闻界关系较为融洽之外，对他的基本要求还应当包括：修养良好，学识渊博，思维敏捷，记忆力强，善解人意，能言善辩，彬彬有礼等。

除了要慎选主持人、发言人之外，还须精选一些本单位的员工负责会议现场的礼仪接待工作。依照惯例，他们最好是由品行良好、相貌端正、工作负责、善于交际的年轻女性担任。

3. 准备好各类会议材料

在准备新闻发布会时，主办单位通常需要事先委托专人准备好如下几个方面的主要材料。

◇ 准备好发言提纲

它是发言人在新闻发布会上进行正式发言时的发言提要。它既要紧扣主题，又必须全面、准确、生动、真实。

◇ 准备好问答提纲

为了使发言人在现场正式回答提问时表现自如，不慌不忙，事先可对有可能被提问的主要问题进行预测，并就此预备好有针对性的答案，以使发言人心中有数，必要时予以参考。

◇ 准备好宣传提纲

为了方便新闻界人士在进行宣传报道时抓住重点、资讯翔实，主办单位可事先精心准备好一份以有关数据、图片、资料为主的宣传提纲，并且认真打印出来，在新闻发布会上提供给每一位外来的与会者。**在宣传提纲上，通常应列出单位名称及联络电话、传真号码、网址，以供新闻界人士核实之用。**

假如条件允许，公关人员可在新闻发布会的举办现场预备一些可强化会议效果的形象化视听材料。例如图表、照片、实物、模型、光盘、录音、录像、影片、幻灯、光碟，等等，以供与会者利用。

4. 有选择、有侧重地邀请媒体

在新闻发布会上，主办单位的交往对象自然以新闻界人士为主。在事先考虑邀请新闻界人士时，必须有所选择、有所侧重。

◇ 了解各种媒体的主要特点

电视的优点是：受众广泛，真实感强，传播迅速。其缺点是：受时空限制，不容易保存；报纸的优点是：信息容量大，易储存查阅，覆盖面广大。其缺点是：感染力差，不够精美；广播的优点是：传播速度快，鼓动性极强，受限制较少。其缺点是：稍纵即逝，选择性差；杂志的优点是：印刷精美，系统性强，形式多变。其缺点则是：出版周期较长，读者相对较少；互联网的优点是即时传播，互动性强，不受时空限制。缺点是内容更新太快，观点太过宽泛偏激，准确性与真实性欠缺。**了解了上述各种新闻媒体的主要优缺点，并在对其邀请时加以考虑，才不至于走弯路。**

◇ 有所侧重地邀请新闻界人士

邀请新闻单位的基本规则是，宣布某一消息时，尤其是为了扩大影响，提高本单位的知名度时，邀请新闻单位通常多多益善。而在说明某一活动、解释某一事件时，特别是当本单位处于守势而这样做时，邀请新闻单位的面则不宜过于宽泛。

◇ 重视协调与新闻界人士的关系

主办单位，特别是主办单位的主要负责人与公关人员在与新闻界人士打交道时，一定要注意以下几点。

①尊重友好。**要把新闻界人士当作自己真正的朋友对待。对对方既要尊重友好，更要坦诚相待。**

②一视同仁。要对所有与会的新闻界人士一视同仁。不要有亲有疏，厚此薄彼。

③信息准确真实。要尽可能地向新闻界人士提供对方所需要的信息。要注重信息的准确性、真实性与时效性，不要弄虚作假，爆炒旧闻。

④切忌拉拢收买。要尊重新闻界人士的自我判断。不要指望拉拢、收买对方，更不要打算去左右对方。

5. 主持人与发言人要注重仪表

在新闻发布会上，代表主办单位出场的主持人、发言人，是被新闻界人士视为主办单位的化身和代言人的。有鉴于此，主持人、发言人对于自己的外表，尤其是仪容、服饰、举止，一定要事先进行认真的修饰。

按惯例，主持人、发言人要进行必要的化妆，并且以化淡妆为主。发型应当庄重而大方，男士宜穿深色西装套装、白色衬衫、黑袜黑鞋，并且打领带；女士则宜穿单色套裙、肉色丝袜、高跟皮鞋。服装必须干净、挺括，一般不宜佩戴首饰。

主持人与发言人是公关会议中的"惹眼"角色，因此在面对新闻界人士时，主持人、发言人都要注意做到举止自然而大方。要面含微笑，目光炯炯，表情松弛，坐姿端正。

6. 主持人与发言人应相互配合

不论是主持人还是发言人，在新闻发布会上都是一家人，因此二者之间的配合默契必不可少。要真正做好相互配合，一是要分工明确，二是要彼此支持。

主持人要做的，主要是主持会议、引导提问；发言人要做的，则主要是主旨发言、答复提问。有时，在重要的新闻发布会上，为慎重起见，主办单位往往会安排数名发言人同时出场。**若发言人不止一人，事先必须进行好内部分工，各管一段**。否则人多了，话反而没人说，或是抢着说。一般来讲，发言人的现场发言应分为两个部分。首先进行主旨发言，接下来才回答疑问。当数名发言人到场时，只需一人进行主旨发言即可。

在新闻发布会进行期间，主持人与发言人必须保持一致的口径，不可公开顶牛、相互拆台。

当新闻界人士提出的某些问题过于尖锐或难于回答时，主持人要想方设法转移话题，不使发言人难堪。而当主持人邀请某位新闻记者提问之后，发言人一般要给予对方适当的回答。

7. 讲话有分寸，发言须谨慎

在新闻发布会上，主持人、发言人的一言一语，都代表着主办单位。因此，必须对自己讲话的分寸予以重视。下述四点尤为重要。

◇ 讲话要简明扼要

不管是发言还是答问，都要条理清楚、重点集中，令人既一听就懂，又难以忘怀。

◇ 向记者提供新闻

新闻发布会，自然就要有新闻发布。**新闻界人士就是特意为此而来的，所以在不违法、不泄密的前提下，要尽量满足对方在这一方面的要求，要在讲话中善于表达自己的独到见解。**

◇ 讲话要生动灵活

在讲话之际，讲话者的语言要生动，话题要灵活。如果面对冷场或者冲突爆发在即，讲话者生动而灵活的语言，往往可以使之化险为夷。因此，适当地采用一些幽默风趣的语言和巧妙的典故，也是必不可少的。

◇ 态度要温文尔雅

新闻记者大都见多识广，加之又是有备而来，所以他们在新闻发布会上经常会提出一些尖锐而棘手的问题。遇到这种情况时，发言人能答则答，不能答则应当巧妙地进行回避，或是直接告之以无可奉告。无论如何，都不要对对方恶语相加，甚至粗暴地打断对方的提问。吞吞吐吐、张口结舌，也不会给人以好的印象。

8. 及时做好会后的总结工作

新闻发布会举行完毕之后，主办单位需在一定的时间之内，对其进行一次认真的评估，做好善后工作。一般而言，需要认真处理的事情，一共有如下三项。

◇ 及时了解新闻界的反应

新闻发布会结束之后，应对照一下现场所使用的来宾签到簿与来宾邀请名单，核查一下新闻界人士的到会情况。据此可大致推断出新闻界对本单位的重视程度。

◇ 整理与保存会议资料

需要主办单位认真整理保存的新闻发布会的有关资料，大致上可以分为两类：一类是会议自身的图文声像资料。它包括在会议进行过程中所使用的一切文件、图表、录音、录像等。另一类则是新闻媒介有关会议报道的资料。它主要包括在电视、报纸、广播、杂志上所公开发表的涉及到此次新闻发布会的消息、通讯、评论、图片等。具体可以分为有利报道、不利报道、中性报道三类。

◇ 对不利报道要酌情采取补救措施

在听取了与会者的意见、建议，总结了会议的举办经验，收集、研究了新闻界对于会议的相关报道之后，对于失误、过错或误导，都要主动采取一些必要的对策。**对于在新闻发布会之后所出现的不利报道，特别要注意具体分析，具体对待。**

不利报道大致可分三类：事实准确的批评性报道；因误解而出现的失实性报道；有意歪曲事实的敌视性报道。

对于批评性报道，主办单位应当闻过即改，虚心接受；对于失实性报道，主办单位应通过适当途径加以解释，消除误解；对于敌视性报道，主办单位则应在讲究策略、方式的前提下据理力争，立场坚定，尽量为自己挽回声誉。

二、展览会的礼仪

展览会也是有关单位经常举办的具有公关意义的活动形式之一。作为公关人员，参与筹备和操作展览会和参加其他机构举办的展览会都是必不可少的。因此，每一位公关人员都应当懂得各种展览会的规程和礼仪。特别是各种展览会的组织、筹备工作，如果不通过留心学习和专门训练，一时是很难掌握周全的。因此，每一位公关人员，都必须在平时就予以重视和注意。

1. 展览会的各种类型

如今，在全国各大中城市，几乎可以经常有商家或专门的展览单位组织各种不同的展览活动。对于各种不同展览会的分类，按照社会所通行的会务礼仪规范，划分标准一共有下列几条。

◇ 根据展览会的目的进行分类

这是划分展览会类型的最基本的标准。依照这一标准，展览会可被分作宣传型展览会和销售型展览会两种类型。**宣传型展览会显然意在向外界宣传、介绍参展单位的成就、实力、历史与理念，所以它又叫做陈列会。**而销售型展览会则主要是为了通过展示参展单位的产品、技术和专利，招徕顾客，促进其生产与销售。通常，人们又将销售型展览会直截了当地称为展销会或交易会。

◇ 根据展览品的种类进行分类

划分根据展览品具体种类不同，可以将展览会区分为单一型展览会与综合型展览会。单一型展览会，往往只展示某一种专门的作品、艺术或工业上某一大的门类的产品、技术或专利，对于后者，只不过其具体的品牌、型号、功能有所不同而已，例如，化妆品、汽车等。综合型展览会，亦称混合型展览会。它是一种包罗万象的，同时展示多种门类的产品、技术或专利的大型展览会。

◇ 依据展览会的规模进行分类

根据具体规模的大小，展览会又有大型展览会、小型展览会与微型展览会之分。

◇ 依据参展者的地理区域进行分类

根据参展单位所在的地理区域的不同，可将展览会划分为国际性展览会、洲际性展览会、全国性展览会、全省性展览会和本地性展览会。**规模较大的国际性展览会、洲际性展览会和全国性展览会，往往被人们称为博览会。**

◇ 依据展览会的场地进行分类

若以所占场地的不同而论，展览会分室内展览会与露天展览会。前者大都被安排在专门的展览馆或本单位的展览厅、展览室内。后者则安排在室外露天处。它可以提供较大的场地、花费较小，而且不必为设计、布置费力过多。展示大型展品或需要以自然界为其背景的展品时，此种选择最佳。

延伸阅读：

长期展览会、定期展览会和临时展览会

举办展览会所用的具体时间的长短，称为展期。根据展期的不同，可以把展览会分作长期展览会、定期展览会和临时展览会。

长期展览会，大都常年举行，其展览场所固定，展品变动不大。

定期展览会，展期一般固定为每隔一段时间之后，在某一个特定的时间内举行，往往呈现出连续性、系列性的特征。

临时展览会，则随时可根据需要与可能举办。它所选择的展览场所、展品内容乃至展览主题，往往不尽相同，但其展期大都不长。

2. 做好展览会的组织工作

展览会的组织工作，一般的展览会，既可以由参展单位自行组织，也可以由社会上的专门机构出面张罗。不论组织者由谁来担任，都必须认真做好具体的工作，力求使展览会取得完美的效果。

根据惯例，展览会的组织者需要重点进行的具体工作，主要包括参展单位的确定、展览内容的宣传、展示位置的分配、安全保卫的事项、辅助服务的项目等。

◇ 参展单位的确定

一旦决定举办展览会，由什么单位来参加的问题，通常都是非常之重要的。**在具体考虑参展单位的时候，必须注意两厢情愿，不得勉强。** 主办单位事先应以适当的方式，对拟参展的单位发出正式的邀请或召集。

邀请或召集参展单位的主要方式为：刊登广告、寄发邀请函、召开新闻发布会等。不管是采用其中任何一种方式，均须同时将展览会的宗旨、展出的主要项目、参展单位的范围与条件、举办展览会的时间与地点、报名参展的具体时间与地点、咨询有关问题的联络方法、主办单位拟提供的辅助服务项目、参展单位所应负担的基本费用等，一并如实地告之参展单位，以便对方据此加以定夺。

对于报名参展的单位，主办单位应根据展览会的主题与具体条件进行必要的审核，切勿良莠不分，来之不拒。

当参展单位的正式名单确定之后，主办单位应及时地以专函进行通知，令被批准的参展单位尽早有所准备。

◇ 展览内容的宣传

为了引起社会各界对展览会的重视，并且尽量地扩大其影响，主办单位的公关机构有必要对其进行大力宣传。**宣传的重点，应当是展览的内容，即展览会上的展示陈列之物**。因为只有它，才能真正地吸引各界人士的注意和兴趣。

◇ 展示位置的分配

对展览会的组织者来讲，展览现场的规划与布置，通常是其重要职责之一。在布置展览现场时，基本的要求是：展示陈列的各种展品要围绕既定的主题，进行互为衬托的合理组合与搭配。要在整体上显得井然有序、浑然一体。

顺理成章的是，所有参展单位都希望自己能够在展览会上拥有理想的位置。展品在展览会上进行展示陈列的具体位置，称为展位。大凡理想的展位，除了收费合理之外，应当面积适当，客流较多，处于展览会上的较为醒目之处，设施齐备、采光、水电的供给良好。

◇ 安全保卫的事项

无论展览会举办地的社会治安环境如何，组织者对于有关的安全保卫事项均应认真对待，免得由于事前考虑不周而麻烦丛生，或是"大意失荆州"。

在举办展览会前，必须依法履行常规的报批手续。此外，组织者还须主动将展览会的举办详情向当地公安部门进行通报，求得其理解、支持与配合。

举办规模较大的展览会时，最好从合法的保卫公司聘请一定数量的保安人员，将展览会的保安工作全权交予对方负责。

为了预防天灾人祸等不测事件的发生，应向声誉良好的保险公司进行数额合理的投保，以便利用社会的力量为自己分忧。

在展览会入口处或展览会的门券上，应将参观的具体注意事项正式成文列出，使观众心中有数，以减少纠葛。

展览会组织单位的全体工作人员，均应自觉树立良好的防损、防盗、防火、防水等安全意识，为展览会的平安进行竭尽一己之力。

按照常规，有关安全保卫的事项，必要时最好由有关各方正式签订合约或协议，并且经过公证。

◇ 辅助的服务项目

主办单位作为展览会的组织者，有义务为参展单位提供一切必要的辅助性服务项目。否则，不但会影响自己的声誉，而且还会授人以柄。

具体而言，为参展单位所提供的辅助性服务项目，通常主要包括下述各项。

- 展品的运输与安装；
- 车、船、机票的订购；
- 与海关、商检、防疫部门的协调；
- 跨国参展时有关证件、证明的办理；
- 电话、传真、电脑、复印机等现代化的通信联络设备；
- 举行洽谈会、发布会等商务会议或休息之时所使用的适当场所；
- 餐饮以及有关展览时使用的零配件的提供；
- 供参展单位选用的礼仪、讲解、推销人员等。

礼仪提醒

由展览会的组织者为参展单位提供的各项辅助性服务项目，最好对参展单位有言在先，并且对有关费用的支付进行详尽的说明。以免明明是周到服务，却惹得参展单位误会，组织方有意刁难。

3. 参展单位应遵守礼仪要求

参展单位在正式参加展览会时，必须要求自己的全部派出人员齐心协力、同心同德，在整体形象、待人礼貌、解说技巧三个主要方面，要特别重视。

在参与展览时，参展单位的整体形象，主要由展示物的形象与工作人员的形象两个部分所构成。对于二者要给予同等的重视，不可偏废其一。

展示物的形象，主要由展品的外观、展品的质量、展品的陈列、展位的布置、发放的资料等构成。**用以进行展览的展品，外观上要力求完美无缺，质量上要优中选秀，陈列上要既整齐美观又讲究主次，布置上要兼顾主题的突出与观众的注意力。**而用以在展览会上向观众直接散发的有关资料，则要印刷精美、图文并茂、资讯丰富，并且注有参展单位的主要联络方法，如公关部门与销售部门的电话、电报、电传、传真以及电子邮箱的号码等。

工作人员的形象，则主要是指在展览会上直接代表参展单位露面的人员的穿着打扮问题。在一般情况下，要求在展位上工作的人员应当统一着装。最佳的选择，是身穿本单位的制服，或者是穿深色的西装、套裙。在大型的展览会上，参展单位若安排专人迎送宾客时，则最好请其身穿色彩鲜艳的单色旗袍，并胸披写有参展单位或其主打展品名称的大红色绶带。为了说明各自的身份，全体工作人员皆应在左胸佩戴标明本人单位、职务、姓名的胸卡，唯有礼仪小姐可以例外。按照惯例，工作人员不应佩戴首饰，但男士应当剃须，女士则最好化淡妆。

礼仪提醒

在展览会上，全体工作人员都要将礼貌待人放在心上，并且落实在行动上。展览一旦正式开始，全体参展单位的工作人员即应各就各位，站立迎宾。不允许迟到、早退，无故脱岗、东游西逛，更不允许在观众到来之时坐、卧不起，怠慢对方。

4. 参展工作人员应注意礼貌待客

参展单位的工作人员除具备与产品有关的专业素质外，还要掌握展览知识和技能，礼貌地对待每一位参观者，达到公众满意的效果。

首先，参展单位的工作人员要统一着装，胸前佩戴标明本人单位、姓名、职务的胸卡。礼仪小姐应当身穿色彩鲜艳的单色旗袍，胸披写有参展单位或其展品名称的红色绶带。

其次，用热情、诚恳、公平的原则接待每一位参观者。当参观者进入展位时，要主动与之打招呼，以示欢迎。**对于观众提出的问题要做到百问不烦、认真回答，不允许对观众的提问置之不理，甚至讥讽嘲笑。**当观众离开时，工作人员应主动与其道别。

再次，展览会期间参展单位的工作人员要各尽其责，不得东游西逛、无故脱岗，更不允许在参观者到来时，坐、卧不起，怠慢对方。

最后，作为参展单位的讲解员，在讲解时要注意语言流畅、语调清晰、声音洪亮。

◇ 要善于运用解说技巧

解说技巧，主要是指参展单位的工作人员在向观众介绍或说明展品时，所应当掌握的基本方法和技能。

在宣传性展览会与销售性展览会上，解说技巧的共性在于：要因人而异，使解说具有针对性。与此同时，要突出自己展品的特色。**在实事求是的前提下，要注意对其扬长避短，强调"人无我有"之处。**在必要时，还可邀请观众亲自动手操作，或由工作人员为其进行现场示范。此外，还可安排观众观看与展品相关的影视片，并向其提供说明材料与单位名片。通常，说明材料与单位名片应常备于展台之上，由观众自取。

三、茶话会的礼仪

举办茶话会，主要意在联络老朋友，结交新朋友。因此说，茶话会是具有对外联络和进行招待性质的公关性集会。茶话会的礼仪，特指有关单位召开茶话会时所应遵守的礼仪规范。其内容主要涉及会议的主题、来宾的确定、时间与地点的选择、座次的安排、茶点的准备等几个方面。

1. 确定好茶话会的中心主题

茶话会的主题，特指茶话会的中心议题。在一般情况下，茶话会的主题大致可分为如下三类。

◇ 以联谊为主题

以联谊作为主题是为了联络主办单位同应邀与会的社会各界人士的友谊。**在这类茶话会上，宾主通过叙旧与答谢，往往可以增进相互之间的进一步了解，密切彼此之间的关系。**

◇ 以娱乐为主题

以娱乐为主题的茶话会，主要是指在茶话会上安排一些文娱节目或文娱活动，并且以此作为茶话会的主要内容。

◇ 以专题为主题

以专题作为主题是指在某一特定的时刻，或为了某些专门的问题而召开的茶话会，它的主要内容，是主办单位就某一专门问题收集反映，听取某些专业人士的见解，或者是同某些与本单位存在特定关系的人士进行对话。

2. 确定好茶话会邀请来宾

茶话会的与会者，除主办单位的组织、主持人员之外，即为来宾。

在一般情况下，茶话会的主要来宾，大体上可被区分为下列五种。

◇ 本单位的人士

具体来讲，以本单位人士为主要与会者的茶话会，主要是邀请本单位的各方面代表参加，意在沟通信息，通报情况，听取建议，嘉勉先进，总结工作。

◇ 本单位的顾问

以本单位的顾问为主要与会者的茶话会，意在表达对有助于本单位的各位专家、学者、教授的敬意。

◇ 社会贤达

社会贤达，作为知名人士，他们不仅在社会上具有一定的影响力、号召力和社会威望，而且还往往是某一方面的代言人。

◇ 其他各方面人士

有些茶话会，往往会邀请各行各业、各个方面的人士参加。

延伸阅读：

对参加茶话会来宾要热情

茶话会邀请的来宾都是东道主的新、老朋友，因此，东道主一定要体现出对来宾的热情。这种热情，主要应表现在以下几个方面。

- 要以诚挚的感情邀请来宾，并对来宾的到来表示热烈的欢迎；
- 在安排来宾的礼仪上，要表现出对客人的尊重和敬意；
- 妥善安排与会者的发言，并恳切接受来宾的建议和意见。

---

3. 举办茶话会的主要议程

在正常的情况之下，茶话会的主要会议议程，大体有如下四项。

◇ 主持人宣布茶话会正式开始

会议正式宣布开始之后，主持人还可对主要的与会者略加介绍。

◇ 主办单位的主要负责人讲话

讲话应以阐明此次茶话会的主题为中心内容。除此之外，还可以代表主办单位，对全体与会者的到来表示欢迎与感谢，并且恳请大家今后一如既往地给予本单位以更多的理解、更大的支持。

◇ 与会者发言

根据惯例，与会者的发言在任何情况下都是茶话会的重心之所在。主办单位事先均不对发言者进行指定与排序，也不限制发言的具体时间，而是提倡与会者自由地进行即兴式的发言。

与会者在茶话会上发言时，表现必须得体。**在要求发言时，可举手示意，但同时也要注意谦让，不要与人进行争抢。不论自己有何高见，打断他人的发言，都是失当的行为。**

◇ 主持人略作总结

在茶话会上，主持人所起的作用往往不止于掌握、主持会议，更重要的是要求他能够在现场审时度势，因势利导地引导与会者的发言，并且有力地控制会议的全局。

当大家畅所欲言之后，主持人可对会议进行一个简要的总结，总结中主要要以感谢的口吻表达，并希望与会人士今后对本单位工作继续给予大力支持。

4. 精心准备有特色的茶点

在茶话会上，为与会者所提供的茶点，应当被定位为配角。虽说如此，在具体进行准备时，亦需注意如下几点。

◇ 茶叶质量要好

选择茶叶时，在力所能及的情况之下，应尽量挑选上等品，切勿滥竽充数。与此同时，要注意照顾与会者的不同口味。

◇ 茶具要精美有档次

在选择茶具时，最好选用陶瓷器皿，并且讲究茶杯、茶碗、茶壶成套。**千万不要采用玻璃杯、塑料杯、搪瓷杯、不锈钢杯或纸杯，也不要用热水瓶来代替茶壶。**所有的茶具一定要清洗干净，并且完整无损，没有污垢。

◇ 点心、水果等要配套而有特色

除主要供应茶水之外，在茶话会上还可以为与会者略备一些点心、水果或是地方风味小吃。需要注意的是，在茶话会上向与会者所供应的点心、水果或地方风味小吃，品种要对路、数量要充足，并且要便于取食。为此，最好同时将擦手巾一并上桌。

四、 赞助会的礼仪

赞助会礼仪，一般指的是在筹备、召开赞助会的整个过程中所应恪守的有关礼仪规范。

在现代社会中，赞助乃是社会慈善事业的重要组成部分之一。它不仅可以扶危济贫，向社会奉献自己的爱心，体现出自己对于社会的高度责任感，以自己的实际行动报效于社会、报效于人民，而且也有助于获得社会对自己的好感，提高自己在社会上的知名度、美誉度，为自己塑造良好的公众形象。因此，赞助也可说是一种变相的公关行为。

1. 赞助会的不同类型

赞助的类型，指的是赞助的具体形式。根据不同的标准，赞助的类型可有各种不同的划分。其中最为常见的赞助类型，有如下两种。

◇ 依据赞助的项目所划分的赞助类型

赞助的项目，所指的主要是受赞助的对象。据此划分赞助的类型，往往可以对赞助单位的动机、品位进行直观而形象的了解。商界通常所积极赞助的项目，大致上共有以下十类。

① 赞助公益事业。即是对社会的公共设施、公共活动进行赞助，直接地造福于社会、造福于人民，并可赢得公众与舆论的赞赏。

② 赞助慈善事业。即是对社会慈善福利组织或慈善福利活动的赞助。**既可以向社会表明本单位勇于承担自己的社会义务、社会责任，又有助于获得政府与社会的好感。**

③ 赞助教育事业。即是对教育界的赞助。可以给予教育界以有力的支持，并且为本单位日后的进一步发展培养必不可少的广大后备人才。

④ 赞助科研活动。即是对科学研究与学术活动的赞助。此举不仅表明本单位对人才与科技进步的重视，而且还可以使自己得到专家、学者的肯定、支持或指导。

⑤ 赞助专著出版。即是对确有学术水平的学术专著出版所给予的赞助。它主要可以表明本单位对知识的无比重视和对学术研究的大力支持。

⑥ 赞助医疗卫生。即是对医疗、保健、卫生、康复事业的赞助。它体现着本单位对于全社会的关怀，同时也是对社会的一种奉献。

⑦ 赞助文化活动。即是对文化事业的赞助。它有助于促进我国的社会主义精神文明建设，用高尚的精神去鼓舞人民，教育人民，提高其文化修养与精神境界。

⑧ 赞助展览画廊。即是对于具有一定艺术品位的非营利性的展览、画廊的赞助。它体现着本单位的艺术品位以及对艺术界的支持和帮助。

⑨ 赞助体育运动。即是对各类体育比赛活动的赞助。体育比赛是当今的社会热点之一，对其进行赞助，往往可使本单位名利双收，一举两得。

⑩ 赞助娱乐休闲。即是对群众性娱乐休闲活动的赞助。它表达了本单位对广大群众的关怀与诚意，可提高对方对本单位的认同感。

◇ 依据赞助物所分的赞助的类型

赞助物，在此特指赞助单位或个人向受赞助者所提供的赞助物品。它往往取决于赞助单位或个人的实力与受赞助者的实际需求。通常，赞助物可以分为如下四类。

① 现金赞助。即赞助单位以现金或支票的形式，向受赞助者所提供的赞助。它可使受赞助者根据自己的客观需要，对其进行受一定限制的支配。

② 实物赞助。即赞助单位或个人以一种或数种具有实用性的物资的形式，向受赞助者所提供的赞助。**它不仅可以及时地满足受赞助者的需要，而且不易为对方挪作他用。**

③ 义卖赞助。即赞助单位或个人将自己所拥有的某件物品进行拍卖，或是划定某段时间将本单位或个人的商品向社会出售，然后将全部所得，以现金的形式，再捐赠给受赞助者。此种赞助的赞助额事先难以确定，但其影响较大，并且易于赢得社会各界的支持。

④ 义工赞助。即赞助单位或个人派出一定数量的员工，前往受赞助者所在单位或其他场所，进行义务劳动或有偿劳动，然后以劳务的形式或以劳务所得，向受赞助者提供赞助。它可以使有关方面有钱出钱、有力出力，更好地调动其积极性，并获得更为广泛的参与。

2. 赞助会运作的主要环节

就一般情况而言，赞助活动中必须认真对待的重要环节，共有下列四项。

◇ 前期的研究

在正式决定进行赞助之前，赞助单位首先有必要进行前期的研究，并且对赞助活动的必要性与可能性进行详尽的论证。

在正常情况下，一次赞助活动往往发端于两种情景。

其一，是某一商界单位主动向其他单位、组织或个人提出赞助。

其二，是某一商界单位接到其他单位、组织或个人的赞助请求后，经过研究，再酌情给予对方以一定程度的赞助。

在实际生活里，后一种情景往往更加多见。通常，商界的单位在接到其他单位、组织或个人的赞助请求后，对于是否应当进行赞助、在赞助时应当采取何种具体形式、具体赞助的财物的数量等，都要进行认真的研究。**既没有必要来而不拒、大包大揽，也不应当一推了之、一毛不拔。**

◇ 赞助的计划

通过前期研究、论证，商界单位一旦决定进行赞助活动之后，即应着手制定详尽的赞助计划，以确保其成功。

细而言之，赞助的计划实际上是前期研究、论证的成果的具体化。根据惯例，它应当是由专司其职的工作部门，在进行前期研究、论证的基础上，根据本单位既定的赞助政策和赞助方向，认真制定而成。**一般来讲，商界单位之中负责赞助计划的工作部门，主要是指其公关部。** 在某些情况下，办公室、财务部亦应介入此事。

◇ 项目的审核

在进行正式的赞助活动之前，对于既定的赞助项目进行审核，往往是极其必要的。赞助项目的审核，在此主要是指赞助单位事先对自己所参与的赞助项目所进行的核定与审查。在正常的情况下，它是赞助单位专门负责赞助活动的工作部门所负责进行的。

制定赞助的计划，必须要树立正确的指导思想。其核心之点应为：赞助活动必须同本单位的经营策略、公共关系目标相一致，赞助活动的终极目标应当是赞助单位、受赞助者和社会三方同时受益。赞助政策的制定、赞助方向的选择，均应以此作为指南。

在审核赞助项目时，有关人员必须抱着高度的责任心，对赞助活动的各个具体环节逐一进行细致的分析研究，发现问题，防患于未然。

在具体对赞助项目进行审查核定时，重点应当放在如下十个方面。

- 要看赞助项目是否符合本单位的经营策略与公共关系目标；
- 要看受赞助者的口碑如何；
- 要看赞助能否真正取得成功；
- 要看赞助的具体方式是不是合适；
- 要看赞助单位的承受力如何；
- 要看赞助的时机是否得当；
- 要看赞助将会产生多大的社会作用；
- 要看社会舆论与社会公众将会如何评价此次赞助活动；
- 要看进行赞助之后对本单位会有多大的积极作用；
- 要看此次进行赞助会给本单位造成多大的负面影响。

经过综合审核之后，假定赞助项目得大于失，即可将其付诸实施。**假如赞助项目失大于得，尤其是其毫无任何社会效益可言时，则应当坚决让其下马。**

◇ 承诺的兑现

赞助活动一经正式决定，即应择机将其付诸实施。在实施过程之中，赞助单位特别有以下四件事要必须注意。

① 必须有约在先。为了确保赞助活动取得成功，并且防止其发生种种变故，一般而言，凡重大的赞助活动在正式实施以前，赞助单位与受赞助者双方均应正式签订赞助合同或赞助协议，并且经公证机关进行公证。

② 必须审慎行事。在赞助的实施过程中，赞助单位必须处处审慎而行。既要认真履约，又要争取社会的理解与被赞助者的支持。

③ 必须扩大影响。在可能的情况下，赞助单位在实施赞助计划的过程中，不仅要求得到社会各界的理解与支持，而且还要善于巧借良机，利用各种传播媒介，在法律、法规允许的前提下，对自己进行适度的宣传，以求扩大本单位的社会影响力，提高自己的知名度与美誉度。**不过在宣传时必须讲究技巧，切勿自吹自擂，令人生厌。**

④ 必须严守承诺。进行赞助时，赞助单位务必要言而有信，兑现承诺，在指定的时间内，将自己拟赞助的财物如数全部到位。不论发生了什么情况，都不允许赞助单位拖延时间，取消赞助。削减数额、以次充好、以假充真、以物抵款等，也是不许可的。

3. 合理安排赞助会的会务程序

赞助会活动正式实施之际，往往需要正式举行一次聚会，将有关的事宜公布于社会。

赞助会的具体会议议程，大致上共有如下六项。

◇ 宣布赞助会正式开始

赞助会的主持人，一般应由受赞助单位的负责人或公关人员担任。在宣布正式开会前，主持人应恭请全体与会者各就各位，保持肃静，并且邀请贵宾到主席台上就座。

◇ 奏国歌

此前，全体与会者须一致起立。在奏国歌之后，还可奏本单位标志性歌曲。有时，奏国歌、奏本单位标志性歌曲，可改为唱国歌、唱本单位标志性歌曲。

◇ 赞助单位正式实施赞助

其具体做法通常是赞助单位的代表首先出场，口头上宣布其赞助的具体方式或具体数额。随后，受赞助单位的代表上场。双方热情握手。接下来，由赞助单位的代表正式将标有一定金额的巨型支票或实物清单双手捧交给受赞助单位的代表。必要时，礼仪小姐应为双方提供帮助。**若赞助的物资重量、体积不大时，亦可由双方在此刻当面交接**。在此过程之中，全体与会者应热情鼓掌。

◇ 赞助单位代表发言

其发言内容，重在阐述赞助的目的与动机。与此同时，还可以对本单位的简况略作介绍。

◇ 受赞助单位代表发言

此刻的发言者，一般应为受赞助单位的主要负责人或主要受赞助者。其发言的中心，应当集中在对赞助单位的感谢方面。

◇ 来宾代表发言

根据惯例，可邀请政府有关部门的负责人讲话。他的讲话，主要是肯定赞助单位的义举，同时亦可呼吁全社会积极倡导这种互助友爱的美德。该项议程，有时亦可略去。至此，赞助会即可宣告结束。

在赞助会正式结束后，赞助单位、受赞助单位双方的主要代表以及会议的主要来宾，通常应当合影留念。此后，宾主双方可稍事晤谈，然后来宾即应一一告辞。

礼仪提醒

一般情况下，赞助会都是简操简办的，并不讲究铺张排场。在赞助会结束后，东道主大都不为来宾安排膳食。如确有必要，则至多略备便餐，而绝对不宜设宴待客。

4. 做好赞助活动的评估工作

根据一般规律，进行赞助活动的评估工作，必须集思广益、广开言路、深入调查、反复研究、善于听取正反两方面的不同意见，善于去粗取精、去伪存真、由此及彼、由表及里。这样做，才能够真正地掌握实际的情况。

进行赞助活动的评估工作，大致上要抓住如下四个方面的重点问题。

◇ 要将实施效果与先期计划相比照

重点研究一下赞助单位是否真正地实现了自己的赞助意图，赞助活动的预定目标是否业已达到。

◇ 要掌握社会各界对赞助活动的认同程度

可通过各类调查，了解各类公众，包括受赞助单位、地方政府、新闻媒介对此次活动的真实评价与看法。

◇ 要及时发现赞助活动的所长与所短

要认真总结赞助活动因何而成功，或者因何而受挫。**对于己方与其他各方的问题，都不应当讳病忌医。**

◇ 要了解赞助活动在实施过程中所出现的问题

不管这些问题是否已在意料之中，原因在于何方，均应被认真看待，并引起重视。

第六章

与新闻媒体沟通合作的礼仪

　　在公关活动中，少不了与新闻媒体打交道。公关与新闻媒体总是密切的交往对象及合作伙伴。新闻媒体是各种公关活动都不可缺少的舆论制造帮手，无论是树立正面形象还是消除负面影响，都离不开公关者与新闻媒体的通力合作。因此，作为公关人员，必须练好和媒体公关合作的基本功，学好和用好与媒体沟通合作的礼仪，以良好的礼仪搞好与媒体的关系。

一、练好和新闻媒体沟通合作的基本功

1. 掌握与新闻媒体有效沟通的原则

公关人员和新闻媒体通过长期的沟通与合作，在实践中逐渐积累和形成了一些基本原则。其中以换位思维、以诚相待作为总原则，指导着公关人员与新闻媒体的沟通。在这个总原则的指导下，公关人员还要明确事实原则、责任原则、配合原则，这些具体原则直接影响着双方沟通的质量。

◇ 事实原则——真实是新闻的生命

公关人员与新闻媒体沟通首先要遵循的是事实原则。恩格斯说，权威是起支配作用的意志。新闻媒体的权威建立在用事实说话的基础上，必须报道事件的真实情况。然而新闻报道的真实是什么？任何新闻报道都是对事实的再加工，不可避免地渗透了作者对新闻事件的看法和思维方式。从理论上讲，"纯客观"有其无法解释的悖论。正如马克思主义哲学中所指出的，意识是客观事实在人脑中的反映，新闻写作属于意识活动，与事件的原貌已经不可等同。任何新闻只能最大限度地接近真相，不可能等同于真相。所以，我们公开承认新闻是具有倾向性的，但要求其尽可能达到新闻的真实性、客观性。正因为媒体报道的真实和事件本身的真实存在差距，才需要政府加强引导。一方面，公关人员要尊重新闻媒体对事件真实探求的努力，这是对新闻自由和新闻报道的客观公正的根本保证。**公关人员粗暴地干涉新闻媒体的报道自由，甚至为维护部门私利，对部分应该公开的内容进行封杀，对于任何一个新闻媒体来说，都是一种不可弥补的伤害。**另一方面，公关人员要对新闻媒体的主观真实进行正确的引导。因为媒体往往会因为先入为主、个人喜好、追求刺激、懒惰省事等主观原因而带来新闻失实，一旦新闻报道失实，不但会有损党和政府的形象，削弱媒体的公信力，还容易造成社会恐慌和动乱。要避免主观因素伤害新闻的真实性，关键还是要让媒体意识到尊重事实本身，不能主观想象、先入为主；要处理好事实和个人喜好之间的关系，不能完全依靠个人趣味来选择加工甚至编造事实；不能为了噱头、为了引起轰动而故意耸人听闻；面对复杂的新闻事件不能惧怕困难，浅尝辄止，要深入采访，避免以偏概全。

◇ 责任原则——责任是媒体的声誉

新闻媒体作为大众传播的主渠道，可以起到正反两个方面效应。当大众传播效果有利于经济社会发展的时候，新闻媒体发挥着传播的正面效应；当大众传播效果阻碍经济社会发展时，新闻媒体则发挥了负面效应。**大众传播作为一种间接传播，新闻媒体充当着信息的把关人的作用**。在传播活动的各种角色中，把关人是指介于新闻来源和新闻受众之间的环节，起着筛选和过滤新闻信息的作用。

新闻媒体作为一种社会力量，具有对政府和社会监督的职责和功能。公关人员在与新闻媒体进行沟通时，要尊重新闻媒体工作者应具有的责任感。只有一个负责任的媒体，才会赢得广大受众的认可，其市场占有率也才能不断得到扩展，在重视社会效益的基础上提升经济效益。

◇ 配合原则——配合是媒体的希望

公关人员与新闻媒体的有效沟通需要建立在双方配合的基础之上，通过相互配合达到政府形象与媒体公信力双赢的效果。这一方面有利于新闻媒体在及时、准确传播政府新闻的过程中，将公众意见及时反馈给政府，进而促进政府决策的民主化和科学化；另一方面政府通过媒体潜移默化的宣传更易于获得公众的认同，在树立政府形象的同时也扩大新闻媒体自身的影响力。从这个角度上看，公关人员与新闻媒体之间是相互依存的关系。对于公关人员而言，它需要通过新闻媒体向公众发布公共信息，进行政策宣传，塑造公关人员形象，以争取公众对政府工作的支持。对于新闻媒体而言，政府是最大的信息源之一，媒体要代表公众从政府那里获取公共信息，并及时反映公众舆论，对政府实施舆论监督。

伴随着当前政府职能的转型，服务型、透明化、高效率已成为公关人员日常工作的要求。公关人员必须克服官本位的陈旧观念，摒弃对新闻媒体单纯的行政命令，树立起公共关系的意识。**政府不但要从观念上意识到**

配合新闻媒体工作的重要性，而且要把配合原则贯穿到日常工作中去。在新闻媒体需要的时候，为他们的工作提供方便、快捷、准确的信息服务。公关人员既不要乞求新闻媒体的报道，也不要对新闻媒体的报道吹毛求疵。只有这样，公关人员才能与媒体传播进行有效的配合，共同保障公众的知情权、参与权和监督权，促进社会和谐发展。

以诚相待，作为公关人员在与新闻媒体沟通时，应当换位思考，在平等沟通的基础上理解对方的角色和处境，理解对方对传播工作所作出的努力。同时，以诚相待，建立感情上和工作上的共鸣。

2. 与媒体沟通要从"知彼"开始

知己知彼，百战不殆，这是大家都知道的道理。

在应对新闻媒体的过程中，公关人员首先也要"知彼"，培养一定的"媒体感觉"：知晓媒体工作的规律，知道新闻传媒的常识。

其实，作为一个正常的媒体受众，公关人员天天接受媒体的大量信息，已经或多或少，或朦胧或自觉地了解了这些规律。**要应对媒体，就先要知道媒体的一般规律，多少知道一些新闻学的知识。**

◇ 知晓新闻媒体宣传报道的规律

新闻媒体一年到头，都要做哪些事呢？从年度整体来看，各个季节都会有不同的宣传重点。这样的宣传重点，形成了一个周期。为了简单表达，现将新闻报道的周期大致按时间顺序列举如下。

- 春节期间前后：宣传团结祥和欢乐的春节；
- 3月5日开始：重点报道人大、政协"两会"；
- 3月8日前后：宣传女性的社会贡献和妇女权益保护；
- 5月1日前后：宣传表彰劳动模范，以工人为主；

- 6 月 1 日前后：宣传保护未成年人权益；
- 7 月 1 日前后：宣传党的建设，回顾党员先进事迹；
- 8 月 1 日前后：宣传军队建设，宣传拥军爱民；
- 9 月 10 日前后：歌颂教师，宣传教育；
- 10 月 1 日前后：宣传社会主义祖国的建设成就；
- 12 月底之前：宣传本年取得的重大成绩和迎接新的一年到来。

此外，媒体还承担着不同的年度重要宣传任务，这是根据每年的形势发展来确定的。各地方媒体在各个不同时段还有更为具体、各有特点的规划内容，也有各地随时发生的大事件的报道。比如，各省、市、自治区的"两会"时间与国家的"两会"时间不同，各自的宣传规划就不一样。

◇ 理解不同通行媒体的特征

按照现行通行媒体的通用分类标准，可以将新闻媒体大致分为四类，即联合国列入的"四大媒体"。

不同的媒体具有不同的特点，

- 报纸：便携，可多次重复阅读，时间地点伸缩性大，阅读者自发主动阅读。
- 广播：成本低，各频道或节目定位清楚、分众明显，语言表达的随意性强，时间相对充裕。
- 电视：直观广泛，表现力感染力强，涵盖面广，社会影响最大。
- 网络：广泛，发展迅猛。同时具有报纸、杂志、广播、电视、图书特征。各种信息齐备，信息多样、信息混杂。

另外，**智能手机已经进入了中国社会生活，成为一个重要的媒体。**

◇ 熟知新闻媒体的不同体裁

新闻媒体发布的报道都有一定的体裁：短消息、长消息、新闻通讯、新闻特写、新闻专访、新闻分析评论等；有听觉的，有视觉的；有文字的，有图像的。**政府工作宣传报道究竟采取哪一种方式来报道，要根据工作的具体内容随时调整，有时要综合运用。**

9. 与各类媒体的友好交往

公关人员与记者、编辑建立良好的工作关系和融洽的人际关系是必不可少的。如果有可能的话，在邀请记者的同时，也可以邀请编辑出席自己单位的各项活动，安排自己单位领导与记者、编辑见面，经常向记者、编辑提供单位的各类资料，以建立起他们对自己单位的预存立场，这无疑是一种很好的媒体投资。

下面是公关人员处理与记者、编辑关系的基本要求。

◇ 主动认识记者、编辑

经常安排非正式的会议等沟通渠道与媒体建立和谐的关系，同报道本单位的记者、编辑见面。

◇ 与记者、编辑建立友好关系

对待记者、编辑要友好相处，要尽量避免对抗和对立，千万不要威胁记者、编辑。无论工作有多么繁忙，都要及时给媒体回复联系采访的电话或信函，并以职业性的方式耐心地回答问题，不对记者的问题说"无可奉告"。单位也不必对媒体低声下气，要是认为他们越权了，或者确实很不公正，可以如实、冷静地让新闻媒体知道自己的想法，可以准备好一些单位与记者讨论时用得上的材料，以便能传递本单位坦诚、可接近的印象。

◇ 适时安排领导接受采访

选择最优先的媒体、最先致力于报道本单位的记者，让他们与本单位领导相互认识，这是给新闻媒体留下良好印象的最佳机会。

◇ 对记者一视同仁

对记者一视同仁是公关人员应该具备的基本素质，不论是中央新闻媒体，还是地方新闻媒体或者是专业新闻媒体派出的记者，都应一视同仁，绝不能厚此薄彼。

◇ 实现保证和承诺

在处理与媒体的关系时，信誉和信任是很重要的因素，因此必须履行

有关承诺和保证。一旦这些因素被丢弃了，本单位就要付出很大的代价，而且很难再挽回昔日的形象。

礼仪提醒

对于抱有表扬性目的的记者不要过分地热情，而应实事求是地介绍成绩；对于抱有批评性目的的记者不要回避和冷淡，应主动配合记者了解情况，介绍事件的原由，以便记者正确地判断和报道。

4. 自觉主动地与媒体合作

要与媒体合作，首先就要搞清楚媒体的一些禀性。媒体讲究的是有影响力的新闻，推出的新闻要有人喜欢听、喜欢看；讲究的是在兼顾自身利益的同时，为本单位服务，它的经济利益主要来源于广告收入，当然还有一部分策划及活动收入。把握住了媒体的这些基本禀性，寻找一些与媒体合作的方法也就较为容易了。与媒体沟通与合作应做到以下几个方面。

◇ 主动请"神"

通过请媒体中有影响力的人士作为自己单位的宣传顾问（或其他相关头衔），建立起自己单位新闻的传输渠道，并通过这个顾问的关系，将这种新闻传输渠道扩大化。

◇ 不断联系

不要对媒体用过就丢，要与媒体维系长久的联络及友好的关系。如搞些感情投资，经常向媒体通报一下自己单位的发展情况，等等。这个道理看似简单，却是许多不善与媒体打交道的单位所经常犯的一个低级错误。

◇ 挖掘自己单位的新闻潜力

不论是上何种形式的新闻，媒体都会依据新闻价值的大小做出取舍。但你只要善于挖掘自己单位的新闻潜力，就会自然引起媒体关注，并把你单位的新闻价值在媒体上予以提升。

◇ 在信息投放上广种博收、勤种博收

每家媒体在内容、题材的侧重点上都可能有所不同，在每阶段的版面紧张性上也可能各有相异，因此，在信息的投放面、投放韧劲上就有必要将网张大、张久。可与媒体共同策划活动，或帮助挖掘媒体资源，这是一个互利互动行为。

◇ 不要得罪媒体

不但不要得罪媒体，相反，要尽量给媒体以方便。即使在本单位发生危机的时候也要与媒体坦诚相待，要争取媒体的谅解与帮助。

◇ 人情不可少

对采访本单位的编辑、记者等媒体工作者，以及可能经常打交道的其他职务媒体人员，懂得尽量地回馈。

5. 与媒体沟通应把握的细则

公关人员在应对媒体的过程中除了要时刻谨记尊重、平等、诚实三原则，对一些细则的把握也是十分必须的。这样有助于公关人员从容面对媒体并赢得媒体的好感甚至尊重。

◇ 与媒体换位思考

以自己希望别人对待自己的方式对待媒体。**把自己摆在记者的位置上，了解记者的工作，尊重他们在报道危机时的职责。**

◇ 保持与媒体有效的沟通和互动

有些单位经常在说服媒体为他们做积极的报道时态度很恭敬，而当媒体把目光盯在这些单位不好的一面时，这些单位却很不配合，躲躲闪闪。单位的这种行为很可能招致记者的反感，这会对日后双方的沟通和交流构成障碍。所以，不论在有利的时候还是不利的时候，都应该积极配合媒体，这一点很重要。

◇ 提供真实有效、有利的信息

公关人员给媒体提供的信息必须是真实有效的，有些组织或单位给媒体提供一些虚假、无效的信息，造成媒体报道的失真，被群众举报、投诉后不仅会对媒体也会对相关组织、单位产生负面影响。

◇ 帮助媒体了解自己

不要认为媒体知道的比你了解的多，尽量告诉他们有关你所在单位的具体情况。记者可能没有足够的时间和精力去了解这些背景信息。**为媒体提供易于理解的单据表格、背景情况和其他信息，这将使媒体更为容易地把这些事实传达给他们的读者、听众或观众，这样有助于降低错误或误解进入新闻报道的概率。**

◇ 限制并强化关键信息

把自己的核心信息限制在 5 个以内，并不断进行强化。让媒体尽可能容易地理解自己的主要观点，并不断强化它们。如果合适的话，提供能够强化这些信息的新闻稿或事实说明。

6. 消除与新闻媒体沟通的障碍

许多公关人员在与媒体沟通时发现有这样或那样的障碍，这些障碍影响了沟通效果，在沟通过程中，公关人员要消除哪些障碍呢？该如何消除呢？

◇ 沟通过程中的障碍表现

公关人员与媒体沟通时的障碍主要有主观障碍与心里障碍两种。

①主观障碍。一般性主观障碍，包括人的个性，所处环境、地位、知识经验，以及知觉选择等。所谓个性，是指有别于他人的个体所独有的心理特征和心理倾向性。应该说，每个人的个性都有喜他性和排他性，公关人员也不例外。公关人员与记者所处的环境不同，缺少记者的生活情感、心理体验，就难以理解记者的心理和行为；公关人员社会地位的优越感，也会造成沟通时的换位障碍，不易或很难理解对方。

②心理障碍。首先是心理品质，如主观性、自信力的状况。**过于自信、过于主观的公关人员，自然会减少对他人信息的接收，而且会用自己的观点、看法曲解他人。**其次是态度、意愿。这决定公关人员心理的开合

度和取向。再次是成见。这种先入为主、凝固不变的印象会造成看人、看事的心理障碍。"他的嘴一张，我就知道他说什么"，看法多年不变，社会变化加快之后，缺少"士别三日，当刮目相看"的意识，结果只能是沟通错位。最后是情感。对此人是"情人眼里出西施"，对彼人是怎么看都像"偷斧子的人"。这自然要造成大的认识偏差。

◇ 消除沟通过程中的障碍

消除沟通中的障碍，需要做好以下几个方面的工作。

①建立全方位的信息沟通网络。所谓沟通信息，是指人与人之间传达、交流思想、观念以及情报、音信的过程。**对于公关人员的媒体沟通来说，沟通信息既是实施领导活动的基本条件，又是增进领导与媒体之间了解的重要途径。**实践证明，掌握和提高沟通信息的技巧，对于保持良好的媒体关系，消除沟通过程中的诸多障碍都有十分重要的意义。

②消除信息沟通障碍。这主要有如下几方面的具体内容：

一是消除语言上的障碍。要消除语言上的障碍，公关人员就要注意语言对媒体可能引起的不同反应。同时，还应多采用通俗易懂的词汇，换位发表意见。在讲话时应保持情绪稳定，语调的快慢高低错落有致。

二是消除地位上的障碍。要消除地位上的障碍，公关人员就要从自身做起，真正坚持公正、平等、民主原则，做到谦虚谨慎、戒骄戒躁、放下架子、平易近人，以实际行动向媒体表明：人无等级之别，官无贵贱之分。

三是消除心理上的障碍。公关人员和媒体人之间感情越融洽，则相互之间的沟通越顺畅，沟通频率越高，内容越广泛、真实，沟通层次也越深。反之，感情不和，或互有偏见、成见，则沟通既难顺畅也难真实。

四是消除道德上的障碍。就道德上的障碍来说，公关人员和媒体人都要有良好的道德修养、正直的人格品行和科学的求实精神，这样，相互之间的沟通效果无疑会好。相反，**如果公关人员和媒体人都自以为是，不讲道德，处处防范对方，则必然难以真诚相处，也就谈不上及时的信息沟通。**

③简化语言。语言表达可能成为沟通的一种障碍，所以信息传送者应慎重选择字眼，对信息做一番整理，使接受者能清楚了解。

④注意非语言暗示。如果公关人员能够准确把握通过握手、目光接触、触摸、表情以及周围环境所表达出来的信息，并有意识地加以运用，就会在很大程度上跨越语言沟通本身的一些固有障碍，提高沟通效果。

⑤加强沟通训练。**熟能生巧，沟通能力并非全部与生俱来，而是可以通过一定的训练得以提高的。**公关人员要经常参加一定的沟通训练计划，经过长期的实践和练习，才能运用好各种沟通技巧。

二、 把握好与媒体沟通的尺度

1. 和新闻媒体沟通时要注意"三不"

公关人员和媒体沟通时需注意的"三不"是指：说话不要太绝对、承诺不要过度、不要让一把手在第一时间充当新闻发言人。

◇ 说话不要太绝对

公关人员在新闻媒体面前，说话不要太绝对。如出现有关不利的总是不要迅速一口否认，更不要批评人家是造谣、诽谤，等等。

前外交部发言人沈国放在"世界知识论坛"上说，有些同志在国外回答记者提问时，当有记者提出在中国发现了非法贩卖囚犯器官的情况时，该同志马上予以否认，并说这是造谣，无中生有。他认为这是一种不负责任的做法。因为该同志在国外，并不是对国内的所有情况都掌握，怎么就可以一口否定呢？

确实，万一有一例这种情况被发现，该同志就会陷入非常被动的境地。如果利润丰厚，谁能保证不会有人铤而走险？

沈国放认为应该这样回答：这种做法是中国政府不允许的，它绝对不是中国政府的政策，我们一定会进行调查，希望你能提供更为详细的资料。

这样就给自己留下了余地，不使自己陷入被动境地。

信息社会的特点是信息传播呈互动状态，有时还会呈现出信息不对称状态。普通民众往往可以同公关人员一起获取信息，甚至比公关人员更早。**由于职业关系，记者经常会比公关人员得到更快的、更多的信息，尽管有时这些信息可能有失准确。**

在这样的信息状态中，有关公关人员不要对新闻媒体提出的某些事实过于认真计较，甚至耿耿于怀，指责记者。因为有关事实和证据随时都可能会产生变化。此时，公关人员讲话要为自己留有余地。

◇ 承诺不要过度

在有些情况下，公关人员为让公众对政府有信心，或有来自于上级部门或公众的压力，有时会承诺过度。这可能会造成盲目乐观，导致危机扩大，遭受更大损失。并且一旦承诺无法兑现，公关人员就会面临更大的舆论压力，付出更大代价。

英国疯牛病危机公关上的一个最大教训，就是刚开始的时候，政府官员过于轻率地向公众承诺没有危险，并说我每天都在吃牛排，希望说服公众不要惊慌，但是造成的结果是公众不信任政府。公众的恐慌不但没有缓解反而上升了，导致政府最后不得不采取过度反应策略来缓解公众恐慌。

◇ 除非特大事件，尽量不要让一把手在第一时间出面充当新闻发言人

因为第一时间的表态，由于情况不清楚，容易出现表态错误，一旦一把手出现表态失误，就失去了回旋余地。

许多危机公关案例失败的原因之一就是在第一时间把一把手推向了前台，充当了新闻发言人。一把手的回答实际上就是组织最终的回答，没有可以回旋和调整的余地。

一般情况下，应该在危机发生后的第一时间由新闻发言人或副手出面面对媒体，在情况逐渐清楚或危机进一步扩大的情况下，再由一把手出面。

2005年6月，上海光明乳业郑州公司被媒体曝光生产"回炉奶"。事件发生后，公司董事长在第一时间接受《每日经济新闻》采访时称，"我们已经公布了《告消费者书》，请广大消费者放心。同时我们也恳请媒体和广大

消费者进行监督。我们河南这个厂现在仍在生产，仍有新的订单"，"我们已从上海派人到郑州进行调查，这个事情不存在，光明不可能做这个事情"。

但是，随后接二连三在郑州证实有"回炉奶"，在上海、杭州还发现早产奶，让光明乳业雪上加霜，陷入极大被动。

光明乳业的危机公关无疑是失败的。之所以失败，很大程度上就在于公司董事长在第一时间被推到了媒体面前，充当了"新闻发言人"的角色，并且表态时说话太绝对，没有给自己留有余地。

延伸阅读：
发言人要巧妙应对媒体

如果记者提问，某某事情出现了某某情况，公关人员不能针锋相对地回答说，没有这样的事情，也不能指责记者说的没有事实根据，不是事实。很有可能过一会儿新的报告来了，报告的事实与记者刚刚提出的相似。

鉴于这种情况，公关人员面对媒体可以说："到目前为止，我现在所了解的情况是……"这样的回答可以使自己有回旋余地。如果事后下级报告到来，还可以说"现在我了解到的最新情况是……"

相似的话还可以说：我还没有收到这方面的报告……"我对这方面的情况还不太了解……"

这些都比较符合突发事件发言人的身份特点。当然，有关事实一经核实清楚，就要及时澄清说明。

2. 采用"金字塔"策略，区别对待媒体

所谓"金字塔"策略，就是公关人员将所面对的新闻媒体按照其功能定位、对政府形象影响力的大小，对社会舆论影响力的大小等指标，进行有效的分类，并有针对性地区别对待。这种分类的结果，就把公关人员要面对的各种新闻媒体在总体上分成一个"金字塔"式的结构。

在"金字塔"的顶峰，自然是公关人员最需要谨慎面对的新闻媒体，

然后从上到下，重视程度依次递减。需要说明的是，这种重视程度的强弱并不是说对那些不是特别重要的新闻媒体就不重视。**"金字塔"结构表明的只是公关人员面对媒体危机的常规性做法，其依据只是在平时状态下对媒体的一种估测，采用的指标也是平时的指标**。这种做法可以让公关人员在众多新闻媒体中，有重点地做工作。另外，还需要说明的是，往往给公关人员带来麻烦的并不是处在"金字塔"结构上层的那些重要媒体，而是处在相对次要位置的那些媒体，在这种情况下，公关人员可以采取针对性强的专门的应对策略。在这种情况下，平时处于边缘、相对次要位置的，处在"金字塔"底部的那些媒体其地位就可以上升到"金字塔"的顶部。所以，这个"金字塔"结构，事实上是一个动态的结构，而公关人员的眼光要始终盯着"金字塔"的顶部。

所以，"金字塔"策略的核心就是将新闻媒体区别对待，做到重点明确，主攻方向明确。应该说，按照媒体影响力大小进行有重点的区别对待，这似乎是公关人员应对新闻媒体时的应有之意，绝大多数人能够在应对媒体的时候做到这一点，比如，**在某个重大事件出现的时候，尽早地和最有影响力的媒体沟通，在最有影响力的媒体上发布有利于自身形象的信息，争取在最有影响力的媒体上占有较大的篇幅或时长等**。但是，对公关人员威胁最大的信息往往不是从这些最有影响力的媒体上出现的，而是在一些容易忽视的媒体上出现的，在这种情况下，公关人员应该立刻将这类媒体"升级"到"金字塔"的顶部，针对这类媒体上出现的不利信息，以最快的速度解决，以免造成泛滥之势。

3. 善待新闻媒体，重视记者采访

新闻媒体作为反映人民群众意志和呼声的通道和窗口，在实现社会公平和正义的过程中，发挥着极大的影响力和重要的监督职能。有学者认为，记者的采访权其实应该是一种公权。它与普通民众之私权不同，因为记者是在行使一种公共职能，其采访行为本身是在满足公众对新闻的认知，使公众的知情权得以实现。公关人员侵害的实际上是双重权利，一则为一个自然人的健康权或生命权，这属于私权范畴；一则为记者的采访权，亦即更多公众对公共事件的知情权，这属于公权范畴。

新闻采访权、报道权和舆论监督权尽管不是行政权力，也不是司法权力，但它却是公民的社会知情权、批评建议权、监督权的代表和延伸。作为具体的公民，其上述权利有的是通过新闻采访权来实现的，新闻采访权受到暴力干涉，整个社会公共利益就会受到伤害，这与正在建设的社会主义政治文明背道而驰。

一些公关人员刻意夸大自身的隐私权，一些单位掩耳盗铃，漠视记者正常的采访权利，导致记者被打事件屡屡发生。虽然我国在法律上没有明确规定记者采访权，但是记者采访权却毋庸置疑。对于事关公共利益，跟社会有直接明显利益联系的事件，其事件本身就具有公众性，所以记者有采访权。此外，对发生在公共场所的事件，只要不泄露国家机密，记者都有采访权。特别是对个人在公共场所发生的事件，个人的隐私权要自然让步，记者有权采访报道。

延伸阅读：
公关人员在与新闻媒体沟通时的正确做法

其一，了解记者采访意图，记者采访的目的是什么，他们准备怎样报道，报道会产生什么样的影响，要认真仔细地听记者的解释，做到心中有数，以便寻求好的对策。

其二，与记者有效配合，客观反映情况，给记者采访自由，不要做出干扰、阻挠记者采访的举动。

其三，与记者进行真诚沟通，向记者表达自己的苦衷和心愿，希望记者怎样报道。如果公关人员认为某些情况不适合报道、报道时机不当、报道内容宜粗不宜细等，就应该先与记者本人沟通，以体现对记者的尊重。如果公关人员觉得与记者意见相去甚远，还可以向媒体负责人以至媒体上级主管部门反映情况，及时沟通。

其四，听从记者积极正确的建议，本着有则改之，无则加勉的态度，迅速纠正错误的做法。要知道，媒体曝光的目的也是为了引起公关人员和公众的关注，促进问题的解决。

因为现行法律的缺陷，新闻记者被打后往往只能通过人身伤害等理由来诉诸法律，这样就跟其他的人身伤害事件在法律上是同样的性质。正是目前法律上对记者保护的薄弱，才使一些不法之徒胆大妄为。具体法律对新闻采访报道权和舆论监督权的缺位，致使记者正当采访屡屡被打，致使舆论监督屡屡受阻。所以，新闻采访权需要从法律上加以特别的明确保护。**时代把记者与公众和真相联系在一起，保护记者正当的采访权，就成为记者命运的关键。**

4. 不要轻易地对媒体说"无可奉告"

通过新闻媒体向公民及时公开信息是政府的责任和义务。但是，由于过去存在怕暴露"阴暗面"的落后观念长期束缚人们的思想，一些公关人员对社会上的不良现象、工作中的问题、失误甚至自然灾害造成的生命财产损失总是自觉不自觉地加以掩盖，于是，一些公关人员平时总是"躲"着媒体，"一不小心"见了媒体，干脆来个"无可奉告"。

对于各级公关人员，"无可奉告"应该尽量少说，理由在于以下几点。

其一，"无可奉告"这个词显得更生硬、冷淡，有时，似乎还有"不屑一顾"的意思，显得对提问人有点不恭敬。

其二，"无可奉告"这个词本身有特殊含意，有时可理解为默认，暗含"我知道，但我不说"之意。以为说"无可奉告"，就是没有表态，这是错误的。据一项研究表明，65%的人在听到这一词时会认为你实际上已经默认。

其三，在危机和突发事件发生期间，处于危机中的公众对信息无限渴望，说"无可奉告"，会给人一种冷漠无情和不合作的印象，易丧失公众信任。

美国著名社论作家、记者杰克·海敦曾经说过这样一句话："如果是一个敏感的问题，那就不要指望通过不予合作的办法来隐瞒事实。出于自尊心，大多数记者会日夜工作，就是要把新闻挖出来——即使是从你的尸体上爬过去也在所不惜。"遇上了穷追不舍的记者，公关人员或者新闻发言人的"无可奉告"将失去所有抵挡效用。因此，**应对记者最好的办法就**

是与他们坦诚沟通，如果确实是自己不知道的，也应该帮助他们联系到有关知情单位。

礼仪提醒

从加强宣传的角度，多提供信息、多宣传也是公关人员义不容辞的责任。公关人员如果经常对什么事情不知道，或没有把握、拿不准，以"无可奉告"一推了事，很有可能会被外界认为其对业务不精通，甚至渎职。

三、应对记者的采访与提问

公关人员面对新闻媒体记者的采访与提问，需要讲究一定的策略，需要采用正确的方法。因为，策略运用的合理，可以为自己加分和增光添彩；而方法运用失当，则可能给自己减分和制造麻烦，甚至带来危机。所以，公关人员接受新闻媒体的采访，回答记者的提问，都应当在自信中谨慎小心，在自然中展现自我，在应对中显示智慧。

1. 了解新闻记者的属性与采访特点

新闻记者，是代表所在的不同媒体向不同的采访对象提出问题、获得信息、甚至是"制造新闻"的主要行为人。身为公关人员，会经常面对新闻记者的采访，如果不了解他们的身份属性与职业特征，在应对其采访中就容易出现不尽如人意的失误或纰漏。

◇ 新闻记者的特殊属性

新闻记者是自然属性和社会属性的统一体。

新闻记者的自然属性，是指新闻记者普遍具有的共同特征和职业特征和职业道德。这种自然属性要求记者必须履行探寻新闻事实、并向社会公众公开报道事实真相的责任和义务。新闻记者的社会属性，是指新闻记者职业所要求的核心的价值取向。这种社会属性要求记者必须维护国家的根本利益。

新闻记者的自然属性和社会属性既相互区别，又相互联系、相互制约。其中，新闻记者的社会属性居于主导地位，起着统帅的作用，而新闻记者的自然属性则居于被支配的地位。新闻记者的本质，主要是由处于支配地位的社会属性所决定的。我们强调新闻记者的本质在于其社会属性，并不否认新闻记者自然属性的体现和重要性。自然属性作为社会属性的自然基础，对于新闻记者来说是不可缺少的。但记者的自然属性始终无法摆脱其社会属性的制约，时时处处都能够体现出其社会属性。**只有记者的社会属性，才从根本上体现了记者与记者之间的本质区别。**

◇ 新闻记者的采访特点

采访是新闻记者的主要工作形式及内容。接受采访是政府官员、各级公关人员应对媒体十分重要的一个环节。一些公关人员出于种种原因，对接受新闻记者的采访十分反感，有的会怯场，有的甚至粗暴拒绝。其实记者采访也有常规的思路模式，问答之间看似复杂，其实也有规律。了解了以下内容，公关人员就能凭借自己的经验与能力，无论面对什么样的采访，都能沉着应对，巧妙应答。

①先行的主题。这是新闻记者共有的采访特点。每个记者都希望采访报道，具有冲击力和社会影响，同时，他们在确定采访前大多都主题先行的倾向。公关人员面对这方面的采访提问要区别对象，回答重在说明事实、表明态度，必要时要有相应的反驳。

②尖锐的质询。提出质问是新闻记者的职业习惯。在采访中，记者一是从对方回答中与事实不符进行发问，二是本身就特有怀疑，不信任而提出尖锐质询。有些提问会让采访对象很不舒服，甚至被激怒。公关人员面对采访被质询时，首先应平静心态，克制冲动，理解记者这种正常的发问方式，经过理智的思考后做出明确而有力的回应。**一般而言，越是尖锐、刁钻的问题，公关人员的应答越能充分显示自身的机智和智慧。**

③不断的追问。公关人员在接受新闻记者采访中，会遇到对方刨根问底反复不断地追问，对方希望通过这种方式力求获得更多信息。公关人员在接受采访和应对记者提问时，应有备而来，面对追问沉着应答。同时，

不被对方牵着走，答问时适可而止，少扯题外话。免得被别有用心者所利用。

④重点的聚焦。新闻记者采访，目的就是为了从问答中抓新闻，找出可充分报道的重大素材。因此经在访谈中往往集中于某个重点、热点、焦点问题，通过变换提问角度，试图找到可以曝光的突破口。公关人员在采访中既要保持足够警惕，防止失言泄密，同时对有些无理纠缠给以明确拒绝。

⑤套话的陷阱。新闻记者采访时，一个最隐秘的职业习惯是常常有意或无意地为采访对象设置一些套出话来的语言陷阱，一是喜欢用假设来诱人上套；二是用预选设定的答案来强迫对方就范；三是用无理的推测误导对方。针对以上特点，身为公关人员面对记者采访，必须保持清醒的头脑，以我为主，不回答假设的问题，不承认荒谬的推理，不落入混乱的圈套。

礼仪提醒

新闻记者采访的特点是受其自身属性所决定的职业习惯。公关人员只有了解这方面的内容，多从正面上加以理解，在应对媒体和接受采访时就会收放自如、智慧答问、巧妙应对。

2. 用好应对新闻记者的基本策略

公关人员与新闻媒体打交道的过程，就是与人打交道的过程。其中主要是与记者打交道。公关人员如何面对新闻记者，实质上是如何面对受众、如何面对广大人民群众的问题。因此，公关人员一定要克服轻视新闻记者、蔑视媒体、回避采访、盲目应对等错误做法。特别是在发生了负面事件时，正确地面对媒体的新闻记者，是最智慧、最明智的选择。这其中有一些原则、规则和守则，还有一些特别需要留意的地方应当予以重视。

◇ 换位思考，以诚相待

各级公关人员尤其是党和政府的一些高级官员，在处理与记者的关系上，要严格把握一种特殊的角色转换。在党的组织结构上，在政府的隶属关系上，很多高级公关人员是新闻媒体的领导，但在面对媒体、面对记者时，他们就成了被采访对象、信息传播者、新闻发布者和被舆论监督的代表。

公关人员面对媒体、面对记者之时，一定要首先在思想认识上进行换位思考，切实完成这种角色转换，这是采访取得成功、防止产生新矛盾最重要的先决条件。所以，有些公关人员在本区域、本单位可能级别很高，资格很老，年龄较大，面对的记者可能很年轻，可能是比自己女儿还小的女孩儿，但也必须以平等的身份以诚相待。否则，就很可能产生严重的后果。

需要特别指出的是，公关人员面对记者时，无论官多大，也千万不要给记者上课，记者不是你的学生；不要给记者做报告，记者不是你的部下；不要敌视记者，记者不是你的敌人。

◇ 主动配合，及时回应

当今时代，党政机关与媒体、公关人员与媒体记者们的有效沟通，需要建立在双方主动配合的基础上。通过相互配合、及时回应来实现政府形象与媒体公信力双赢的理想效果。因此，作为各级公关人员，应提高对媒体报道的思想认识，加强与新闻媒体和新闻记者之间的来往和互动，充分运用新闻媒体，搞好正面工作的报道和负面事件的舆论引导。

身为公关人员，要尽可能地及时回应媒体记者，尽力提供记者所需要的背景资料，利用事实来抓住新闻媒体和记者的注意力，以事实为基础回复记者、解答问题。记者前来采访正面报道，正是展示单位工作的难得机遇，一定要认真对待，把新闻媒体的优势用足、用够，充分发挥新闻媒体统一思想、凝聚智慧、推动工作的积极作用。

◇ 尊重事实，公正客观

公关人员与媒体沟通，与记者打交道，首先要遵循的是尊重事实的原则。新闻媒体与记者要用事实说话，要报道真实的新闻消息。因而公关人员要实事求是，说明事实真相。一方面，公关人员要尊重媒体记者采访真实新闻、发掘事实真相、了解客观情况、公正报道的工作和努力。为此，就不能掩盖事实、以假隐真、拒绝配合，更不能以权势压制、剥夺媒体记者新闻报道的自由权利。另一方面，公关人员对个别媒体和无良记者故意歪曲事实、夸大事实、人为制假、编造事实的行为，应果断制止，履行职责，及时纠正其不良行为，进行有理、有利、有节的斗争。但同时要注意其方法，不被其所利用，用事实真相拨乱反正，以正视听。对个别媒体违背真实原则制造假新闻的记者，必要时可行使法律权利予以追究。

礼仪提醒

公关人员一定要以积极、正面的态度，善待记者，把记者作为最理想的合作者，为记者提供真实、准确、客观、可靠的相关材料，尽力寻求新闻媒体的合作与支持，为解决实际问题营造积极健康的舆论氛围。

◇ 保持理智，控制自己

目前，形式多样的记者招待会和新闻发布会，成为党政机关公布信息、树立形象的重要渠道，各级公关人员与记者打交道的机会越来越多。同时，记者所提的问题也越来越富于挑战性，面对记者毫不客气、不讲情面的尖锐提问，**公关人员应保持理智，有效控制好自己的情绪和态度**。

无论面对什么样的记者，身为公关人员，都不要试图控制记者，而是要控制自己的言行。公关人员如果能够把握新闻报道的特点与规律，将有助于吸引记者的注意力，激发记者报道的主动性、积极性与创造性，从而营造良好的舆论环境。

3. 善于接受新闻记者的采访

接受新闻记者的采访，是公关人员与媒体面对面就某些社会热点问题进行沟通、交流的方式。接受采访也是公关人员向公众传递信息、沟通情况、展示观点、树立形象的良好机会。

为此，公关人员需要做好以下几个方面的工作。

◇ 做好准备，熟悉情况

在采访过程中，新闻记者提出的问题可能是五花八门，涉及面可能很宽广，如果不全面掌握情况和政策，许多问题都只好无可奉告，记者得不到准确可靠的材料，就无法进行有影响力的报道。**公关人员只有全面地掌握政策和工作情况，才能从容、准确、有深度、有广度、有高度地回答记者提出的各种问题，接受采访也才会真正成功。**要掌握一些具有新闻性的具体事件的来龙去脉，以及事件背后的社情、民情、舆情，有针对性地给媒体提供信息，做出的专访节目才有吸引力。所以，公关人员平时要注重调查研究，充分掌握所在地区的社情、民情、舆情，这既是公关人员执政理事的需要，也是接受记者采访的需要。了解社情、舆情，就是了解公众和媒体在关心什么，从而更好地给媒体提供公众广泛关注的信息。

◇ 树立新闻意识，迅速进入角色

任何级别的公关人员，都应树立新闻意识，一是高度重视媒体影响力，二是积极有效地应对媒体记者。尤其是在接受采访时，公关人员务必要以平等、谦逊、积极的心态接受采访。**要明了采访的性质与作用，清楚自己面对的对象绝对不仅是新闻记者本人，而是拥有强大话语权的新闻媒体，是广大受众、社会公众和广大人民群众，要保持平和的心态。**

同时还要全身心投入。在接受记者采访时，不论是在自己的办公室、室外场地、特定工作现场，还是在媒体演播室，公关人员都要迅速进入角色，自始至终全身心投入。切忌左顾右盼，心不在焉，答非所问，以免影响自己和组织的形象。所以，要心无旁骛，将自己完全置身于访谈的话语环境之中。

公关人员面对采访时，要扮演好自己的角色，最重要的是要表现出自信、真诚和自然。只要公关人员有了对主要问题深入的洞察与独特的见解，加上诚恳的态度、准确的表达，无论面对什么样的采访，都一定会取得良好的效果。

公关人员要把接受采访、回答问题，作为一种与记者和公众进行情感交流的好方法。在访谈中，讲人、说事都要进入你所表述的人或事的角色之中，要投入真情，自然而然地随着访谈内容的喜怒哀乐让受众明显地感受到你感情的跌宕起伏，增强访谈的感染力。

◇ 思维敏捷，以变应变

公关人员接受采访时，要在有限的访谈时间里，一方面要将最有价值、公众最需要的信息表达出来，另一方面，采访问答还要追求精彩纷呈、吸引受众。一些记者的采访过程，常常不会是平辅直叙，总会有意设置一些难题、偏题，以增加采访的戏剧性与趣味性。对于这一点，公关人员要做好必要的心理准备，要准备以变应变，做好随机回答一些尖锐性、刺激性的问题，以免因为毫无准备，出现无言以对的尴尬局面。

这就要求公关人员平时要自觉培养应变能力。公关人员要加强各种理论知识的学习，注重广泛开展调查研究，对所属工作情况了如指掌，并熟悉一些重要的工作细节。**最重要的是要在工作中，保持尽可能多的理性思考，使科学理论与所属工作在自己头脑中融会贯通**。在采访中，记者提出的一些问题，很可能不在领导考虑和准备的范围之内，或考虑的还不成熟。此时，就需要公关人员要具有较强的随机应变能力。敏捷的思维，是随机应变能力的基础和保障。

◇ 主动出击，及时引导

面对采访、接受采访的公关人员不只是要回答问题，还应巧妙地对媒体有所号召，有所倡导，提出要求和榜样，发出呼吁和倡议，顺势而为地加以引导。但要注意，这不是说要以公关人员的身份教训采访人。

还有一点十分重要，就是面对采访时媒体记者抱以积极客观的态度，公关人员要进行肯定鼓励，及时引导。而对于歪曲真相、常有偏见的采访，公关人员应考虑主动出击，规范其采访行为。其方式有美意提醒、提出忠告、适当纠正、直言批译、中止采访等。这也是面对采访时公关人员必须备好的一项功课，其目的正是为了既要满足媒体和记者做节目的需求，为记者提供必要的、权威的背景资料和足够的事实信息，向记者介绍有关情况，回答记者提出的相关问题，解释和说明事实真相，消除人们的各种疑问和误解、误会。

礼仪提醒

公关人员利用接受采访之机，运用新闻媒体便利的平台，传播组织的意志、意图和有利信息，以扩大所代表的组织的社会影响，实现推动现实工作的目标。这样不仅生动、具体、形象、深刻地回答了记者提出的问题，而且也有效地展示出公关人员本人的智慧、能力和水平。

4. 接受采访时要注意细节问题

新闻采访，从某种意义上讲是一件既严肃庄重又轻松活泼、可大可小的工作。公关人员只要平时注意培养相关的能力，积累丰富的知识，在采访前做好精心的准备，一般都能顺利达到目的，实现最佳效果。但还有一点很重要，就是**采访中一些关键的细节问题，也应引起注意，不能出现纰漏，不可因小失大。**

◇ 千万不要照本宣科

新闻采访，通常是一问一答的对话、访谈方式，是一种主要以口语即时交流表达的形式。

在现实采访中，公关人员首先要在明确访谈的主题和重点的基础上，进行条理化的语言组织和准备，所以，根本没有必要准备非常详细的访谈稿件，只需准备一个简要的谈话提纲就可以了。

从实际访谈效果和媒体形象来看，特别是电视直播、录播，被采访人用稿子的效果是最差的。人们经常从媒体上看到一些公关人员，在面对国内外著名媒体的专访时，侃侃而谈、流利自如，访谈效果非常令人满意。

而一些照本宣科的公关人员，效果就差了很多。

公关人员的语言表达艺术，通常都是基于本人平时的积累和习惯，有着自己独特的特点的，所以，接受在采访前，公关人员根本没有必要耗时费力、挖空心思地准备详细的文字材料。

◇ 少讲空话套话，多说数据

公关人员接受采访，目的是要把最精彩、最重要的信息和观点、最有价值的新闻、记者最感兴趣的东西，完全巧妙地表达出来。这时务必要避免云山雾罩、空话连篇、官腔套话、文不对题。要多讲细节，巧用数据，用事实说服人、感染人。对于新闻媒体和社会公众来说，细节形象生动，更能够吸引人，给人留下深刻的印象。具体的数字，比概括性、抽象性语言更有说服力。因此，公关人员要博闻强记，对有表现力的关键数字，要烂熟于心。

◇ 话要通俗，具有个性

公关人员在接受采访时，要注意语言精练、深入浅出、通俗易懂，尽量用生动活泼、大众喜闻乐见的语言，切忌冗长、重复啰唆。专业名词要加以解释，通俗化。

另外，公关人员鲜明的个性化语言，也是吸引记者、感染受众的重要亮点。毛泽东风趣幽默、举重若轻、妙语连珠；周恩来严谨睿智、机敏过人、魅力超群；温家宝古诗警句、沉稳扎实、诚恳实在；朱镕基冷面热肠、是非分明、掷地有声，都成为了媒体和记者采访时所留下的经典佳话。

◇ 回避特殊敏感话题

采访有时会不经意地涉及一些特殊的、敏感的话题。身为公关人员接受采访时，大多数情况是代表组织机构，是一种组织行为，对媒体记者所讲的每一句话，都是代表组织机构的意见。因此，要确定自己公开信息的底线。要多讲那些达成共识的、成熟的观点和意见，少谈有争议、众说不一的问题。尽量不谈个人不成熟的看法，不使用模糊不清的提法。

在接受采访中，最重要的是要特别注意防止泄密。对于一些国家机密、商业机密、军事机密、人事机密等敏感问题、具体数据，要严格遵循保密规定，防止通过新闻媒体发生泄密事故。如果采访中确实不便回答，公关人员完全可以直接面对媒体，或态度诚恳地委婉推辞，或语气坚定严辞拒答。

公关人员有时要接受电话采访，但是一定要谨慎。在没有确认记者的可靠身份之前，不提倡公关人员接受不见面的电话采访，而应当是接受当面采访。

5. 了解与把握记者提问的语言特点

媒体记者的采访，属于新闻学的研究范畴，但又是一种很有学问的语言艺术。公关人员要准确、恰到好处地回答记者提问，首先要了解答记者问的语言特点。

◇ 提问的主动性和答问的被动性

公关人员进行演讲，可以有足够的时间围绕演讲的主题进行思考和准备，然后根据写好的稿子或打好的腹稿侃侃而谈。但是答记者问则不同，这时记者是主动出击，公关人员往往是被动回答。在许多情况下，公关人员要随着记者的意图和思路回答问题。答记者问时一问一答的形式，有些类似面试，但是二者也有显著的不同。面试的被动性更为明显。而答记者问则常常可以在回答时不知不觉地转为主动。**有时，答记者问主要是公关人员谈工作思路，谈个人观点，这时语言技巧运用得好，就能由被动性向主动性转变，使得答问更为自如。**

◇ 提问的广泛性和答问的灵活性

记者是各种信息最主要的发现者和传播者，为了发掘更有新闻价值的信息，记者的提问往往是非常广泛的。和其他讲话形式相比，演讲要有主题，谈话要有话题，但记者的提问则往往是漫无边际和纷繁多样的，从世界风云的变幻到工作现实情况，从生活态度到个人隐私，五花八门、千奇百怪的问题，都可能是记者提问的话题。在这种状态下，答话者经常是无法设防。为了出色地回答各种各样的问题，公关人员要根据现实情况和个人风格，灵活地回答问题。

◇ 提问的现场性和答问的权威性

答记者问的语言往往是现场提问和回答，特别是电视采访，更是具有很强的可视性和可知性。领导层的政治态度、决策过程、工作成效等问题都直接"暴露"在大庭广众之下。另外，回答记者提问的公关人员，一般都担任重要的职务或能代表一级组织讲话，他们的立场、观点、态度，也代表着一级组织或团体的"官方"立场、观点、态度，因而在整个问答中往往具有传递信息迅速、影响力大、威望度高的特点。公关人员的答问甚至可以影响社会舆论，引导民意，对社会的经济、政治局势的变化起到不容忽视的作用。这种权威性，通过记者的现场传递，使可信度增强。**因此，一次成功的答记者问，在宣传党的方针政策方面，增加公关人员与群众的相互理解方面，提高部门和公关人员威望方面都将起作用。**

◇ 提问的突发性和答问的及时性

记者的提问往往是突然的，甚至带有跳跃性，一个问题与另一个问题之间可能毫无联系，这就使公关人员有时刚刚招架完前拳，又要转过身去应付后脚。答记者问的现场性，不允许公关人员有过多思考问题的时间，否则，就会发生冷场。为了应付这突发性的提问，公关人员的思维要像闪电般地反应，这就需要公关人员练就迅速、恰到好处的语言能力，使得答问及时、准确。

6. 在媒体面前说话要准确通顺

公关人员在媒体面前讲话时，一定要做到准确通顺，这是对公关人员口才表达最基本、最起码的要求。如果想说的意思是这个样子，对方听了却变成了另外一个样子；或是公关人员说了一大篇，语无伦次，颠三倒四，表达不清到底说了些什么，那还有什么口才可言呢？

◇ 准确地表达自己的意思

所谓准确，就是要明确地而不是含糊不清地把话说出来，将所要传递的信息准确快捷地输送到对方的大脑里。**而要做到这一点，公关人员必须在平日注意词语的积累，在自己的头脑里建立起一座语言的仓库，做词语的"富翁"。** "仓库"里要储藏丰富，应有尽有。每当自己要说话的时候，这些词语就如凤仙花种子似的，弹跳而出；或者像喷泉似的，喷涌而来。一旦讲话时就得心应"口"，左右逢源，极少有因为找不到适当的词语而"卡壳"的时候。如果公关人员在说话时"没词儿"，或是颠来倒去，就是那几个词语，一套"学生腔"，"语言无味，像个瘪三"，那就无法准确地表情达意，甚至难以把话说下去。有了丰富词语储备的基础后，根据口才表达的需要，还要精心地选择最确切、最恰当的词语，正确地反映客观事物，恰当地揭示客观事理，贴切地表达主体的思想感情，准确地传递各种信息，做到"意能称物"、"情通达意"，每个字、词、句都用得妥帖、适当，恰如其分。这样，下属一听就能准确无误地理解公关人员的本意，双方思想感情的交流也就有了必要的前提和基础。

◇ 说话语句要通顺

所谓语句通顺，就是能通畅顺当地表达出所要表达的意思，这主要是关于造句方面的问题。语句通顺，包括两方面的要求：一要符合语法规范，二要符合逻辑。只有达到这两方面的要求，才能使思想成为有条理和可以理解的东西；否则，思想就是一堆杂乱无章、不可理解的碎片，哪里还谈得上表情达意和交流思想呢？

语法又称文法，是语言在交际过程中约定俗成、共同遵守的组词造句的规则。所谓逻辑，或称逻辑学，是一门关于研究思维形式及其规律的科学，它以概念为主要材料，运用判断、推理、证明等来反映客观事物和事理，揭示事物、事理的本质特征和内在联系。

要想做到语句通顺，首先，句子的结构要完整，该用两个词的句子，不用一个；该用三个词的句子，不用两个；主语不简化，谓语不疏漏，宾语不残缺，附加成分要周全。其次，相关词语的搭配要得当，也就是主谓要相配，动宾要相合，偏正要相应，联合要相当。再次，词序要合理，复句里的各个分句和句群里的各个分句的相互关系要明确，关联词语要扣紧，使各分句之间配合恰当，意义表达得严密、清楚。最后，要选用恰当的句式。**不要整篇讲话只使用一种句式。要交错使用陈述句、疑问句、感**

叹句和祈使句，长句和短句相结合，整句和散句相搭配，以避免言语的平板呆滞，增强说话的形式美和表达效果。

延伸阅读：

怎样做到用词准确

（1）公关人员在媒体面前要思路明确。讲话要小心谨慎，字斟句酌，做到用词准确，绝不能信口开河，不知所云。公关人员的口头表达能力是对客观事物与事理规律性条理化的反映。只有思想明确、思路清晰，知道自己在讲什么和怎样讲，才能表达得清楚明白；如果公关人员事先没有想好，思想处于混乱模糊状态，那就肯定表达不清楚、不准确。

（2）要尊重客观事实，实事求是，做老实人，说老实话，办老实事，不说假话、大话、空话、套话和废话。

（3）对所反映的事物和所说明的事理有清楚明晰的认识，对其外貌、性质、特征以及与其他事物、事理的关系了如指掌，这样，选用的词语所包容的内涵和所作出的判断，才符合所反映对象的实际。

（4）要真正弄懂每个词语的确切含义和它使用的范围，否则，不是用错词，就是用得不恰当，甚至闹出笑话来。

（5）要认真辨析词义，特别要仔细区分同义词、近义词在使用范围、词义轻重、风格特点、搭配功能等方面的细微差别，区分同音词的不同含义和使用的范围。

（6）要把握好词语的分寸，认真区分某些表示分寸的词语在时间、范围、主次、程度、条件、数量等方面的差别，所引用的数字、数据要反复核实。

（7）要注意词语的感情色彩，不仅要体会、揣摩词语的褒贬意味，而且还要琢磨褒贬意味的轻重和语调。

四、理智地应对媒体的批评性报道

1. 正确地认识媒体的批评性报道

媒体的批评性报道属于舆论监督的范畴，又与舆论监督有所区别。它是舆论监督的主要实现形式。现代的舆论监督更多的是依靠法制的支持，而批评性报道在很大程度上是依赖行政权力。

◇ 媒体的批评性报道的特点

媒体的批评性报道具有以下五个方面特点。

①广泛性。由于批评性报道是借助新闻媒介来进行的，所以在批评的对象上以及批评的效果上都具有广泛性。批评性报道的运作方式是这样的：**庞大的舆论监督主体通过传播者对广泛的客体实施批评，并在异常广阔的空间内把信息传达给受众**。

②及时性。新闻媒体的批评性报道能够迅速地报道事实，反映和形成强大的舆论，可以防微杜渐于前，又可以惩恶罚劣于后，有潜移默化、综合治理的功效。

③揭露性。新闻媒体的批评性报道是针对落后的、腐朽的人或事，以及各种不良社会现象的，又是通过新闻媒体进行的，而新闻媒体又是面向全社会的，所以舆论监督具有公开揭露的特点。

④杀伤性。没有事实就没有新闻。新闻媒体的批评性报道的公开揭露大多是针对具体的人或事的，而揭露和批评对于个体的人或对于一个地区、单位甚至整个行业，都具有强大的道德压力和名誉、前途、命运的毁坏力和破坏力。所以，批评性报道的杀伤性是毋庸置疑的。

⑤难以逆转性。新闻媒体的批评性报道的事实一经公开披露，就会给公众留下负面的第一印象，形成舆论压力。**事实与社会普遍道德准则的反差越大，则公众的第一印象就越强烈**。即使此后产生不同的声音，公众对批评性报道所披露的人或事的第一印象也是难以扭转的。

◇ 媒体批评性报道所遇到的阻碍

由于批评性报道具有上述特点，在操作的过程中自然会遇到很多阻碍，主要有以下四个方面。

①重大问题被消息封锁。一些公关人员在出现偏差或重大问题后，为了保住自己的"乌纱帽"，往往对在自己辖区内的重大问题实行消息封锁。如近年来山西等地煤矿经常发生瓦斯爆炸或矿井塌陷事故，死伤很多人，因为在我国对一些地方出现的重大事故领导在一定程度上是要负责的，所以，一些政府公关人员伙同煤矿的主要负责人对事故实行不报或少报，从而使自己不负责任或减轻责任。

②批评性报道的发表被阻止。在一些地方的日报、晚报或电视台、广播上，发布的大多是对公关人员或组织的褒奖性报道，而批评性言论少之又少。即使有，负有责任的有关公关人员出于自身利益原因，也会通过组织或私人的关系阻止报道的发表。

③批评性报道者被打击报复。有些批评性报道者报道相关事件后，有可能被一些政府公关人员降职或免职，甚至遭到相关人员的围攻。这就在很大程度上削减了报道者的勇气和积极性，从而也在很大程度上降低了舆论监督的作用。

④批评性报道者被提起民事或刑事诉讼。某些政府公关人员动辄就对新闻媒体的批评性报道提起诉讼。他们虽然运用了法律程序，但批评性报道者只是在发挥新闻事实报道的功能。**如果个别公关人员对批评性报道者所批评的不是绝对事实而提起诉讼，并要求严重处罚，这将导致强制者得不到应有的制约**。所以，这就加重了新闻媒体的压力负担，使得新闻媒体在实施舆论监督时不得不考虑一些外在的影响。

礼仪提醒

新闻舆论监督与批评报道需要公关人员有理性的头脑、理智的行动，绝不能头脑发热，冲动"开火"。只有明确新闻舆论监督及批评报道的特点和现实障碍，公关人员才能有针对性地加强和改进新闻舆论的监督。

2. 坚决摒弃封堵批评性报道的做法

随着广大民众的民主意识显著增强，知情权需求和话语权诉求空前高涨，这就要求政府公关人员应主要采取以疏为主的方式，坚决摒弃封堵思想。

新闻资源是新闻媒体开展新闻传播活动所需要的所有资源总和。从广义上讲，新闻资源包括硬资源和软资源。硬资源包括信息资源、媒体资源、受众资源和社会环境资源等。这里所说的新闻资源主要是指狭义上的新闻资源，即生产新闻产品所需的信息资源。

新闻资源具有显形和隐形之分。显形新闻资源是指新闻价值十分明显、非常容易被人们发现的新闻事件、新闻人物等。隐形新闻资源，是指新闻价值隐含潜伏、不太容易被人们发现的新闻资源，或显形新闻资源背后的、深层次的新闻含义。

由于竞争激烈，大家共享，要想对这类资源进行富有特色的开发和独出心裁的报道，显得非常困难。所以，显形新闻资源无疑是各新闻媒体容易发现并相互争夺的对象。对于这类新闻资源，大多数新闻媒体主要是争夺报道的时效性，而不会投入太大的精力。比如，在同一个时段，所有新闻媒体都关注的重要会议、重大事件的新闻报道，要想出新出彩、胜人一筹，很难做到。

隐形新闻资源是隐藏的、潜在的，所以，有待深入挖掘。但是，**发掘出的隐形新闻多是深层次的独家材料。往往能够独具匠心、独树一帜，取得不同凡响的收效，是赢得新闻市场竞争的上选内容和独特利器**。所以，隐形新闻资源最能刺激新闻记者的"揭盖子"冲动，使之变得异常亢奋；这类素材最能满足新闻媒体所追求的最大卖点，实现利益最大化；这类报道最能引发社会各界受众的广泛关注，满足公众的好奇心和知情欲。

出现危机事件，如果公关人员心怀种种私利，试图封堵和掩盖，那么，本是属于显形新闻资源的事件，马上就会转变为隐形新闻资源。新闻媒体和记者的职业特点就是求新、求异，这就决定了新闻资源的不可封堵性。所以，有时权威部门如果不及时主动地向媒体发布新闻，很可能就会导致事态急剧恶化，甚至造成无法收拾的局面。

随着人民群众民主意识不断增强，普通民众不但越来越成为新闻报道的主角，而且他们向新闻媒体提供的资源也越来越多。广大民众成为新闻资源开发的主力军，新闻线索推介的全民性，决定了新闻资源的开放性和不可封堵性。

新闻管理以疏为主，是形势发展的必然选择。**目前，新闻报道的时间界限、空间界限、属性界限都被打破了。新闻资源的不可封堵性，是由新闻媒体的多样性决定的**。堵得住地方媒体，堵不住中央媒体；堵得住国内媒体，堵不住境外媒体；堵得住传统媒体，堵不住新兴媒体。

所以，各级政府要特别重视发挥新闻媒体在沟通政府和公众之间的桥梁和纽带作用。如果政府不及时公开信息，不充分发挥新闻媒体的作用，就不可能实现最大限度地满足社会的需要、实现公众的利益。封堵信息、遮遮掩掩、躲躲闪闪、善意的谎言等，都会对政府的形象和公信力造成难以修复的伤害。

我国目前已处于问题多发期、矛盾凸显期和突发事件高发期，特别事件的舆论引导越来越受到各级政府的广泛重视。有些公关人员采取不直接面对媒体、封锁和压制消息源和封堵传播渠道等措施。**这种封堵消息所造成的后果不仅会影响整个事件的处置，还可能贻误最佳的处置时机，很可能使天灾转变为人祸，诱发危机的连锁反应，损害政府的形象和公信力。**

在突发事件中，不少公关人员受到严厉的处分，并不是因为他们是事件的直接责任人，而是因为没有及时发布信息，引起了公众恐慌，影响社会稳定，败坏政府形象，产生了严重的后果，因而被问责。虽然有体制、机制等客观原因，但对新闻媒体的重要性认识不足、存在封堵消息的思想是最重要的主观因素。

礼仪提醒　　政府在实施社会管理过程中，新闻媒体起着越来越重要的作用。新闻媒体已成为政府搜集社情民意、传递施政信息、动员组织民众最重要的工具和手段。公关人员要善用这枚利器。

所以，封堵信息是一种狭隘守旧的执政理事策略，其弊端往往是旁观者清、当局者迷。

3. 积极开展危机事件的新闻报道

危机事件的爆发常常成为舆论关注的焦点、媒体捕捉的新闻素材和报道线索。在危机事件中，公关人员要通过正确、有效的新闻发布与信息传播，扭转危机，摆脱被动。科学而理智地处理危机事件不仅是一种智慧，更是一种能力，需要一定的面对媒体的经验、方法和技巧。面对危机事件，可以分阶段采取不同的策略。

◇ 危机初期

事件发生后，公关人员要临危不惧、处变不惊，切忌封锁消息、隐瞒事实。公关人员要直接面对新闻媒体，向公众表明党和政府的立场、态度和决心；要把握先机，引导媒体客观、公正地进行报道，并及时披露相关最新信息，先声夺人。

随后发布初步核实情况、政府应对措施等，并根据事态发展和处置情况滚动发布信息。针对涉及突发公共事件的各种谣言、传言，要迅速公开澄清事实，消除不良影响。

◇ 危机中期

在这个时期，公关人员要向新闻媒体展示采取的具体措施及取得的效果，展示处置危机的具体行动，尽早赢得公众的谅解和信任。

新闻媒体不仅要有政府公关人员的声音，更要有当事群众、现场群众的声音和影像，让群众现身说法，对政府采取的具体措施和取得的实效，进行客观、直接的叙述和评论。所以，公关人员要向社会各界及时公开抢险、救灾、救人的具体过程，要注重采纳群众合理化的意见和建议。这样才能收到更好的社会效果。

在危机事件发生后，在法律允许的范围内，公关人员不但不要限制、敌视、拒绝异地新闻记者的采访，而且应该欢迎和支持其采访、报道，并尽可能地为其提供方便和服务，真正将其作为同盟者和增援者，与其团结合作。这样更容易取得社会各界的认可和信任，从而收到事半功倍的效果。

◇ 危机后期

在危机后期，要利用媒体重建声誉，重塑形象。只有自身声誉和公众形象重新建立起来，危机处理才谈得上成功。

危机事件的发生会不同程度地损害有关党、政府和组织的形象。这就要求公关人员采取有效措施，进一步健全制度、完善工作、堵塞漏洞，修复党和政府的形象，力争再上一个新的台阶。公关人员还要举一反三，认真查找其他方面工作中存在的弱项、不足和缺陷，不断改进工作，防止发生其他类型的问题。更重要的是思想上重视起来，整顿思想和纪律，使思想境界和工作水准有更大的提高。

危机后期，要严格按照党纪条规、法律法规，对直接责任者和主要责任人进行严格的追究、问责，以严肃党纪和国法，以儆效尤，以示公众。**要本着"惩前毖后，治病救人"的原则，对非本意、工作中存在过失的同志进行严肃查处，以教育本人、教育他人**。对于一些非主观故意、工作尽心尽职，因不可预料的因素而发生危机事件，并且在处理危机事件过程中不推、不拖，积极、主动地化解矛盾的有关责任人，可视实际情况免于追究、问责。

五、善于应对与利用网络媒体

网络，作为一种后来居上的新兴媒介，凭借其即时、虚拟、互动、开放无疆界的巨大优势，发展势头之快、之猛令人惊憾。当代公关人员，只有深入了解网络媒体的特点，把握网络媒体的属性，善于在此基础上采用正确的策略，才能把网络媒体变成领导工作的"千里眼"和"顺风耳"，使其成为自己的"传令兵"和"信号员"。由于网络媒体的特殊性，公关人员在应对同时更要注意正其负面影响，主导正面舆论。

1. 了解网络特点，感受网络社会

随着网络技术的普及和应用范围的拓展，网络介入社会生活的各个层面，在网络空间诞生了一种新的社会存在形态——网络社会。

以网络空间为依托的网络社会，为人们提供了一种崭新的生活方式，带来全新的生活体验，"网民"、"虚拟社区"、"聊天室"、"网上冲浪"一系列新名词体现出社会生活的巨大变化。人们对于这种生活方式的体验并非难事，一台电脑、一根电话线、一个调制解调器的简单设备和基本的上网技能，就能让人们在敲打键盘、点击鼠标的瞬间体会网络世界的奇妙感觉。

网络社会的主体成员——"网民"的匿名性身份为个人的自我表达创造了条件。新闻组、邮件列表、聊天室等多样化的电子文本交流方式扩大了个人的交往范围，使兴趣爱好、观点态度志同道合的"网民"跨越地理疆界、国籍等的障碍，组成"虚拟社区"分享观点、交流信息、沟通情感，从未谋面的陌生人在网络空间建立的关系，或许比起天天见面的邻居更为亲切。**网络空间自由流动的海量信息人人共享，人们遨游于信息的汪洋大海，"足不出户，便知天下事"。**

互联网络还是广阔的生活娱乐天地，人们可以在家中光顾网络商店，浏览琳琅满目的商品图片，享受送货上门等周到的服务和低廉的价格，或者在网上随时观看自己喜爱的影片和热播的电视剧，或者到网上图书馆挑选品种极为丰富的图书，快速查找需要的资料，每个人的个性化消费需求都能在功能强大的网络空间得到满足。

信息传播技术的进步和经济的增长，加快了我国网络发展的步伐，网络迅速渗透到我国社会经济、政治、文化的各个层面，发挥着越来越显著的作用，网络化已经成为这个时代的鲜明特征。生活在网络时代的社会成员、组织机构、国家政府都无法摆脱网络的影响，网络改变了人们的生活状态、组织机构的运行模式，改变了政府权力机关的管理范式。

总之，网络已成为社会的重要组成部分，极大地改变了人类的时空观念、交往方式和生活方式，网络社会应运而生。**以网络技术为支撑的网络**

社会，**实际上是现实社会在网络空间的反映，但又对现实生活具有广泛而深刻的影响**。当代公关人员要全面了解网络社会的特点，深刻把握网络媒体的属性和特征，成功开展自己在网络社会的领导工作。

礼仪提醒

网络社会作为新生事物，同样存在着一些问题，如信息垃圾、网上诈骗、网上赌博、不正当的"人肉搜索"、黄色信息、黑客攻击等。公关人员要以坚强的意志和正确的态度与做法进行克服与应对。

2. 客观认识网络媒体的独特功能

网络媒体是新兴的最具活力的大众传媒，它具有多媒体并存、信息传播快捷、互动沟通及时，存储检索方便甚至廉价等特点。所以，公关人员要正确认识网络媒体的功能，使之更好地为组织服务。概括地说网络媒体具有以下两个方面的功能。

◇ 传播和协调功能

互联网的产生带来了人类传播方式的革命性飞跃，正在成为信息社会的基本工具，在新的舆论格局中，网络发挥着越来越大而且是不可替代的作用。互联网已经成为许多知识分子和青年学生的第一信息来源。互联网打破了传统媒体的时空界限，因为互联网具有开放度高、信息量大、互动性强等特点。**它已然成为影响巨大、最具有潜力的大众传媒，是覆盖广泛、快捷高效的对内对外宣传的重要渠道**。尤其国内外发生重大事件的时候，越来越多的人首先通过互联网获取信息、发表看法，互联网具有大众传媒的传播效果，已成为不争的事实。所以，网络已成为各种信息集散地，是不可忽视的重要媒体。

网络媒体还起着协调社会关系的作用。有人把网络比喻成迎战 2002 年底至 2003 年上半年的"非典"（SARS）事件的"急先锋"。网络在及时通报迅速蔓延的"非典"疫情方面扮演着一个非常重要的角色。通过网络传播，及时把医院的医务人员和身处实验室的研究员与必要的信息链接起来，进而帮助对病情的追踪以及控制病情。为了通过互联网可以尽可能多地、尽可能快地了解来自各个方面的重要信息和民情民意，党和国家领导人胡锦涛、温家宝都选择网络作为了解医生建议和大学生留言的有效方式之一。传统媒体与网络这一便捷的无国界的传播模式相比，真是感到自愧弗如。

◇ 监督功能

网络媒体的监督功能分为网络新闻监督和网络舆论监督。网络新闻监督本质上就是事实监督，是指传播者以在互联网上公开传播新闻事实的方式对国家和社会事务进行监督。它不仅包括网络媒体，即传统媒体网站、各类新闻网站、门户网站等，也包括传播个体，如在论坛中发帖子的网友、博客站点及个人网站的创办者等。**网络舆论监督本质就是意见监督，是指网民通过在互联网论坛及新闻留言板块上表达倾向一致的意见来对国家和社会事务进行监督。**网络监督是借助网络舆论造成的精神压力或形成的社会氛围，使得当事人采取符合民意的行动或促使有关部门介入，以权力手段解决问题。由于网络媒体具有论坛（BBS）、新闻留言板块等带有公共领域色彩的互动平台，所以网络监督具有以下4个新特点。

一是网民真正拥有自己的话语权。网络媒体论坛、新闻反馈板块及聊天室的出现为网民提供了一个话语平台。网民们对于某些焦点事件各抒己见、畅言无阻，各种意见在网络这个平台上碰撞、融合、吸收、汇总，最后形成倾向大体一致的公众意见，从而以舆论的强大精神力量对党政机关公共事务进行监督。

二是网民表达和传播个人意见的门槛降低。在网络时代里，任何一个拥有一台联网的电脑的人，就可以顺利地发表自己的意见、看法并把这些意见、看法传播出去。

三是网民可以畅所欲言、直抒胸臆。网络言论由于匿名的保护作用，往往代表了网民最直接的个人感情，网上的意见常常是发自网民内心的声音。网络舆论为各级党政公关人员开辟了一条极好的直接倾听"民意"的快速通道。

四是网络舆论在很大程度上代表了民意。网民分布在社会各个行业、各个领域，网络媒体凝聚了天南海北的网民的智慧和力量，对某一焦点事件的评论往往会产生聚焦效应，在短时间内迅速碰撞磨合，形成广泛代表民意的网络舆论。

3. 利用网络与公众沟通更方便快捷

网络已经成为我国政治生活不可或缺的组成部分，成为广泛代表民意的聚集地。利用互联网建立沟通新渠道已成为政府与公众沟通的重要途径。

网络具有快捷、互动性、海量信息等特有的优势，在一定程度上更有利于公民的政治参与，成为政府传播机制的重要组成部分。

◇ 消隐了复杂的权力关系

网络消隐了现实社会中复杂的权力关系，为平等对话打下了基础。权力的不平等使信息沟通变得艰难。在传统沟通中，公关人员与社会公众之间，往往横亘着无法逾越的鸿沟，常使信息遭遇失真和屏蔽。网络渠道上的公关人员，只是网络终端的普通使用者，另一端的网民对其身份、地位不会太在意甚至不了解其身份。技术的平等性消解了金字塔尖到地面的落差和距离，使得公关人员可以越过官僚体系的层层信息筛选直面民意。这种透明的交流，是其他获知民意的方式所无法比拟的。

◇ 网络使公众更加愿意参与对话

在现实中，往往由于沟通成本的高昂，公众主体缺失的现象频频出现。在政治的宏大视角里，公众只是概念。网络将抽象的公众，变成具象的个体，并将沟通成本大大降低。**公众更愿意将自己的喜怒哀乐通过网络传递给政府，与政府进行对话。**

◇ 网络渠道增加了政治对话的透明度和监督力度

可以说，在许多情况下，就是因为广大网民的认真参与，才让相关政府部门迅速及时调查真相，处分违纪官员，维护了政府的公信力。

延伸阅读：

胡锦涛与网友在线交流

2008 年 6 月 20 日，中国最高领导人胡锦涛总书记首次在人民网强国论坛同网友在线交流，尽管 20 分钟左右的在线交流时间很短，但他利用互联网这样一个现代化沟通媒介的象征意义却非同寻常，可谓对互联网传播渠道的一种无声肯定。与网友在线交流时，胡锦涛明确表示"通过互联网来了解民情、汇聚民智，也是一个重要的渠道"。

第 七 章

中西式宴请的礼仪

　　宴会是公关活动中一种通行的礼仪形式，常用于表示祝贺、感谢和表达对来宾的友好情感。通过宴会，能够很好地协调各种关系，联络各种感情，达到增进友谊、加强合作的目的。

　　在公关宴会中，无论是宴会的组织者还是参与者，都应遵守一定的礼仪规范，表现出自己彬彬有礼的形象和优雅大方的风度。如果不懂得宴会的礼仪要求，就有可能会造成尴尬，从而使自己的形象大打折扣。

一、中式宴请的礼仪

宴请本身是一种礼仪形式，通过宴请可以与商务对象增进了解和信任，是联络感情的有效手段。中餐即中式餐饮，是指一切具有中国特色的、依照传统方法制作的餐食和饮品，中餐礼仪主要指中餐待客、中餐筹备、中餐布置、中餐进餐的礼仪要求及中餐餐具的使用礼仪要求等。了解中餐礼仪，不仅会使自己能在迎来送往的社交过程中不失礼节，而且还能树立起良好形象，避免尴尬，提升自己的形象。宴请活动的整个组织安排以及宴会的出席者都应该始终贯穿公关活动的宗旨，合乎礼仪规范的要求。

宴会的成功与否，全看组织工作如何。有关人员可以从以下几个方面来提高宴会的组织水平。

1. 提前确定宴请范围和名单

宴请的目的能否得以实现，与邀请的对象和范围有着直接的关系。一般情况下，商务宴会都是为了某一个特定的事件，如庆功、祝贺、答谢等，所以宴会的程序、讲话、祝酒等活动都要围绕庆贺或表示谢意这一目的进行。这样，在确定宴请的宾客名单和宴请范围时必须慎重。

◇ 宴请范围

宴请的范围确定较为复杂，一般以"少"、"适"为原则，对商务效果有直接影响的方方面面自然缺一不可，但没有原则的泛泛而请，就会失去宴请的意义。特别是不考虑涉及商务活动多边之间的关系而盲目邀集于同一次宴会的做法，很可能会使宴请本身成为公关活动最终失败的导火线。**为此，应该邀请与宴会有关的代表人物参加，既不要遗漏，也不要随便拉客人凑数**。若有十分的必要，还可宴请宾客的配偶出席宴请，不过应该首先明确配偶的出席仅仅是出于礼仪的需要，还是对这次活动可能发生的影响。弄清这一点至关重要。

◇ 宴会名单

宴请的范围大致确定后，接下来就是慎重确定宾客名单。首先考虑主宾，继则考虑陪宾。陪宾身份虽不宜高于主宾，但应为有一定声望的人，以达到宾主尽欢的目的。参加宴会时的人在彼此身份相当时，会得到一定满足感。如果发现宾客中有"滥竽充数"者，就会感到不愉快，甚至感到不受尊重。另外，所邀请的宾客应避免"一般高"，否则不宜安排座位。最后，出席人数保持偶数（尤其避免十三）同样重要，因为就某一桌客人而言，这样可以使每个人都至少有一个谈话对象，而这又正是从礼仪的角度出发所必须考虑周到的。

宴请规格应视宴请的目的和参加人员的身份来确定，规格过低显得失礼，规格过高亦无必要，宴请的方式则主要以商务活动的性质和内容来确定。

◇ 选择恰当的宴会时间

举办宴会要充分地考虑时间因素。

在确定宴会时间之前，最好先征求一下主宾的意见，看看何时对他最为合适，然后再做出决定，以免发生冲突。**此外，时间的确定应该照顾到出席宴会活动的主要公众和大部分公众的习俗，一般不要选择对方的重大节日、假日、有重要活动的日子，更注意避免对方有禁忌的日子。**

◇ 选择恰当的宴会地点

对宴会地点的选择也要作多种考虑，如规格的高低、供应特色、环境情调、服务费用、营业时间等都要认真地了解，或按事先确定好的具体要求和规格标准选择地点，一般比较隆重的宴会最好选择比较熟悉的地点，便于了解它的环境、供应、服务和特点，以达到宴请的目的。

2. 及时、准确地发出请柬

一旦宴请人员确定，宴会的时间、地点也安排妥当之后，就应制作正式的、别致的请柬。

常见的两种发宴请通知的方式是：正式的宴会（国宴、婚宴、寿宴、庆典宴等）要专门印发请帖，表明宴会的正式性；便餐式酒会可通过电话通知或者主人亲自向所请的人们当面发出邀请。无论是哪一种形式，必须提前发出通知，让客人有一个安排其他事宜或准备赴宴的时间，同时以示主人对客人的真诚邀请之礼。

此处须注意一些礼貌问题，如主人以夫妇名义邀请，则主客、陪客之配偶均可列为邀请对象；邀请对象如为女性，则其夫婿自应一并邀请；如受邀之夫妇均各具重要身份，则必要时可分别给夫妇二人发请柬，以避免一些困扰（这主要是西式宴会中的情况，中式宴会时可酌情参考）。

正式宴会的邀请必须使用请柬，有的还附有回帖，以便客人表示接受或婉谢之用。一般不要电话邀请或请别人代为转告，否则是不合乎礼仪的，对客人也不礼貌，因此必须注意。**邀请时的请柬有双重作用，一是对客人起提醒备忘之用，二是作为赴宴入门的通行证。**

请柬一般应提前一周至二周发出，以便被邀者能及早作出安排。当然公关活动的特点决定了有时不允许有那么多的富裕时间，但也必须以尽早为原则。有时为了周到起见，在宴请活动的前夕，不妨再用电话联系，对被邀请者是否收到请柬和是否能出席宴请予以确认。如发现陪客不能接受邀请，可以及早考虑候补之宾。

请柬应精心设计。使人一看请柬就感到这个宴会别具一格，非同一般，一定要参加。

3. 慎重斟酌宴会的菜单

在宴请他人之前，主人是不能不事先对所选的菜单进行再三斟酌的。在准备菜单时，主人应当着重考虑哪些菜肴宜选、哪些菜肴忌选，这两个问题本质上是同一个问题的两个不同方面。

◇ 宜选的菜肴

一般而论，在准备菜单时，以下三类菜肴主人应优先考虑。

①中餐特色的菜肴。**吃中餐与吃西餐、日餐一样，自然要首选有中餐特色的代表性菜肴。在宴请外籍人士时，这一条更应当被高度重视。**比方

说，中餐里的龙须面、煮元宵、炸春卷、烤白薯、蒸饺子、土豆丝、炒豆芽、狮子头、宫保鸡丁、鱼香肉丝、麻婆豆腐、糊辣汤、榨菜肉丝汤等，均为寻常百姓之食，并非佳肴美味，但因其具有鲜明的中餐特色，所以在国外知名度最高，受到众多外国人的推崇。

②有本地特色的菜肴。一方水土养一方人。中国地大物博，中国的饮食文化既有共性，也个性鲜明，名扬天下的八大菜系便是中餐在各地分支的主要代表。在宴请他人，尤其是宴请外地人时，有必要的话，应尽量安排一些具有本地特色的菜肴。举例而言，锦州地区的驴肉饺子、干豆腐，西安市的羊肉泡馍、锅盔馍，湖南的湘腊肉、臭豆腐等，宴请外地客人时，上一些本地特色菜，恐怕要比上"千人一面"的生猛海鲜更受好评。

③此处餐馆的看家菜。大凡名声在外的餐馆，自然都少不了自己的看家菜，高档餐馆尤其如此。在知名餐馆点菜时，应尽量安排一些它的看家菜，因为大家就是奔它们而去的。不然的话，就有可能让被请之人产生看法。

◇ 忌选的菜肴

在安排菜单时，还必须兼顾来宾的饮食禁忌，尤其是要对主宾的饮食禁忌予以高度的重视。这些饮食方面的禁忌主要有四条。

① 宗教禁忌。**对于宗教方面的饮食禁忌，一定要认真对待，一点也不能疏忽大意**。例如，穆斯林通常不食猪肉，并且不饮酒。国内的佛教徒在饮食上禁食荤腥之物，它不仅指的是不吃肉食，而且也包括了葱、蒜、韭菜、芥末之类吃起来气味刺鼻的食物。对此要是不求甚解，或是贸然犯禁，都会带来很大的麻烦。

② 民族禁忌。在不同的地区，人们的饮食偏好往往多有不同。对于这一点，在安排菜单时，也应予以兼顾。比如，英美人通常不吃宠物、稀有动物、动物内脏、动物的头部和脚爪；藏民通常不吃鱼。硬是为其提供，那可就强人所难了。

③ 职业禁忌。有些职业，出于某种原因，在餐饮方面往往也有各自不同的特殊禁忌。例如，国家公务员在执行公务时不准吃请；在公务宴请时不准大吃大喝，一般不准超过国家规定的用餐标准，不准饮烈性酒。再如，驾驶员在工作期间，不得饮酒。要是忽略了这一点，不仅是对对方的

不尊重，而且还有可能使其因此而犯错误。

④ 个人禁忌。有一些人，由于种种因素的制约，在饮食上往往会有一些与众不同的特殊要求。比方说，有的人不吃肉，有的人不吃鱼，有的人不吃蛋等。对于这类个人饮食禁忌，亦应充分予以照顾。不要明知故犯，或是对此说三道四。

礼仪提醒

在隆重而正式的宴会上，公关人员作为主人或筹办者，要注意服务细节。例如所选定的菜单可在精心书写后，发至人手一份，使用餐者餐前心中有数，餐后留作纪念。

4. 按中餐礼仪布置的餐桌

在中餐礼仪中，餐桌和席位的安排是一项十分重要的内容。它关系到来宾的身份以及主人给予对方的礼遇，所以受到宾主双方的同等重视。因此，主人在安排宴请时，一定要注意安排桌面、席位的礼仪要求。

宴会场地的安排方式应根据其类型、宴会厅场地的大小、用餐人数的多少及主办者的爱好等因素，来决定宴会场地的摆设规则。

◇ 摆放圆桌

中餐上，圆桌因可方便宾客之间的交谈，常被应用。只有非常正式或用餐人数超过50位的餐会才会使用长方形桌。在选定了桌子类型后，需决定如何安排主桌的位置。原则上，主桌应摆在所有客人最容易看到的地方。桌位多时，还要考虑桌与桌之间的距离，一般桌距最少为140厘米，而最佳桌距是183厘米。**桌距应以客人行动自如和服务人员方便服务为原则，桌距太大会造成客人之间彼此疏远的感觉。**

◇ 采用长方桌

应据客人人数合理排列桌椅。一般来说，宾客人数少于36位时可采用直线形；超过36位常采用"U"形或"口"字形；超过60位时则采用

"E"字形。无论何种排列方式，都要注意把主桌的位置摆得恰到好处。主桌不宜离其他客人太疏远，避免给人以高高在上之感，有助于将整个宴会的气氛搞得融洽。

总之，无论是圆桌还是长桌，每位宾客之间的宽度至少要相距60厘米。一般情况下，每个服务员要为一个圆桌上的所有宾客服务；长桌相连后，服务员的人数应根据客人的人数相应地增加。

◇ 桌面的布置

布置出一张极富浪漫情调的餐桌桌面，品味到一流的菜点，再加上主人热情好客的出色表现，如此才是一幅完美而绝妙的宴会图。其中，巧妙地布置餐桌尤为重要，这里来谈谈餐桌的布置。

① 餐桌款式要流行。餐桌款式要求是最流行的，但是如果用陈旧的桌子，且桌面上有刮痕或者碰痕时，一定要用桌布遮盖，千万不可用席面上的餐具来进行遮盖。桌布可以是买的桌巾，也可以选些便宜而好看的布料自己动手制作，但注意它的尺寸要大。如果选用的是新购的流行款式餐桌，那么仅在桌面铺一张精美的衬垫即可，当然也可不铺。

② 桌面布置的色调要讲究。同样是布置桌面，主人精心的布置会使桌面情调优美。**要根据宴请客人的喜好，在色彩搭配上适合客人的心理**。如：水晶白玻璃杯衬托着桌面中央散发着沁人芳香的一束鲜花，给客人第一印象就是"太美了"。一般中餐多布置以橘红色为主调的餐桌，富有浪漫情调。如：圆桌上橘红色的绣花桌布一直垂到地板，桌椅、瓷器等用具是一种白色调，桌面正中央放置一大束色彩活泼的鲜花。这样的桌面设计给人以洁净、温和的感觉，它会使所有客人难以忘怀！

当然，桌布的式样和配色可尽情发挥，以令人舒适、开心、耳目一新为准则。

③ 桌面上的用具要讲究。要让客人感到贴心的服务和家的温馨，桌面上决不可用纸盘、纸盒和塑胶杯等方便餐具，否则会使宴会降低档次。尽心为客人规划的主人决不是这样的。他会用漂亮的玻璃杯盛酒，用精美的瓷盘盛菜，即使是普通家宴，讲究的主人也决不会因家中器皿不够而随意凑合。他会向邻居和朋友们借，使整个餐桌用具格外生辉。餐桌用具用不着整套整组地去购买，各式菜盘和点心盘可以是不同款式和样式的。

桌面布置既要整洁高雅，又要有特色。切忌配套混乱，不伦不类。

礼仪提醒

布置餐桌，尽管对宴会的环境氛围起着相当重要的作用，但并不需要高档的用品，只要主人肯于精心构思，认真设计，定能布置出令人耳目一新的现代餐桌式样，以此衬托一场出色的宴会。

5. 中式宴请的礼仪程序

在宴会的组织和进行过程中，主持人和有关人员应注意一些礼节和行为规范。这主要包括以下几个方面。

◇ 迎接宾客

主持人及有关人员应提前到达宴会地点，在一切安排就绪后，到门口准备迎宾。**宾客到达时，作为主人应在门口热情相迎，问候、握手、寒暄几句以示欢迎。**

◇ 引宾入席

接待人员指引来宾到事先指定的位置坐好。一般是先引主宾，后引一般来宾依次入座。如果有女宾，则先引女宾后引男宾入座。如若宴会规模较大，也可先将一般客人引入坐位，然后引主宾入座。接待人员应将椅子从桌子下面拉出，扶好后请客人落座。

◇ 上菜适时

主宾及大部分客人落座后便可上菜。上菜是从女主宾开始的。如果没有女主宾则从男主宾开始。上菜一般从主宾的左边上，饮料从右边上。新上的菜要先放在主宾面前，并介绍名称。如果上全鸡、全鱼菜时，应将其头部对准主宾或主人。宴会行将开始时，为所有的来宾斟酒。

◇ 祝酒致辞

主持人宣布宴会正式开始后，东道主的主人致祝酒辞，接着是全体干杯，然后由主宾致答谢辞（一般宴会也可省略）。当主宾祝酒致辞时，接待人员和服务人员应停止一切活动，找一个适当位置站好，在干杯之后将酒斟满。

◇ 活跃气氛

主持人、主人应抓住时机，提出一些大家共同感兴趣的问题而引出话题，调动大家的积极性，使宴会自始至终处于热烈、亲切、友好的气氛之中。**作为主人，应适当向客人敬酒，以示友好和尊重。**

◇ 送客话别

当主客双方酒足饭饱时，主人与主宾起立，大家随之，这时宴会即告结束。此时接待服务人员应将主宾等的椅子向后移动，方便主宾等客人离座。当主宾及客人休息片刻准备告辞时，主人及东道主的接待服务人员应送到门口，握手话别。

6. 用餐者应正确使用中餐餐具

中餐餐具，即用中餐时所使用的工具。在一般情况下，它又分为主餐具与辅餐具两类。以下分别对其加以介绍。

◇ 主餐具的使用

中餐的主餐具，是指进餐时主要使用的，必不可少的餐具。通常，用中餐时要使用的主餐具有筷、匙、碗、盘等等。

① 筷子的使用。筷子是用中餐时必不可少的最主要的餐具。**筷子的主要功能，是用餐时以之夹取食物或菜肴。**

使用筷子，首先要方法正确。一般应以右手持筷，以其拇指、食指、中指三指前部，共同捏住筷子的上部约三分之一处。通常，筷子必须成双使用，而不可只用单根。

② 匙的使用。匙，又叫勺子。在用中餐时，它的主要作用是舀取菜肴、食物，尤其是流质的羹、汤。有时，以筷子取食时，亦可以勺子加以辅助。

在一般情况下，尽量不要单用勺子去取菜。**以其取食时，不宜过满，**

免得溢出来弄脏餐桌或自己的衣服。必要时，可在舀取食物后，在其原处"暂停"片刻，待其汤汁不会再流时，再移向自己享用。

③ 碗的使用。在中餐里，碗主要是盛放主食、羹汤之用的。在正式场合用餐时，用碗的注意事项主要有以下几点。

- 不要端起碗来进食，尤其是不要双手端起碗来进食。
- 食用碗内盛放的食物时，应以筷、匙加以辅助，切勿直接下手取用，或不用任何餐具以嘴吸食。
- 碗内若有食物剩余时，不可将其直接倒入口中，也不能用舌头伸进去乱舔。
- 暂且不用的碗内不宜乱扔东西。
- 不能把碗倒扣过来放在餐桌之上。

④盘的使用。盘，又叫盘子。稍小一些的盘子，则被称作碟子。盘子在中餐中主要用以盛放食物，其使用方面的讲究与碗略同。**盘子在餐桌上一般应保持原位，不被搬动，而且不宜多个摆放在一起**。

需要着重加以介绍的，是一种用途较为特殊的被称为食碟的盘子。食碟的主要作用，是用来暂放从公用的菜盘里取来享用的菜肴的。

◇ 辅餐具的使用

中餐的辅餐具，指的是进餐时可有可无、时有时无的餐具。它们主要在用餐时，发挥辅助作用。最常见的中餐辅餐具有：水杯、湿巾、水盂、牙签，等等。以下对它们分别作一些介绍。

① 水杯的使用。中餐中所用的水杯，主要供盛放清水、汽水、果汁、可乐等软饮料时使用。需要注意的，一是不要以之去盛酒，二是不要倒扣水杯，三是喝入口中的东西不能再吐回去。

② 湿巾的使用。在中餐用餐前，比较讲究的话，会为每位用餐者上一块湿毛巾。它只能用来擦手，绝对不可用以擦脸、擦嘴、擦汗。擦手之后，应将其放回盘中，由侍者取回。**有时，在正式宴会结束前，会再上一块湿毛巾。与前者不同的是，它只能用来擦嘴，却不能揩脸、抹汗**。

③ 水盂的使用。有时，品尝中餐者需要手持食物进食。此刻，往往会在餐桌上摆上一个水盂，也就是盛放清水的水盆。它里面的水并不能喝，

而只能用来洗手。

在水盂里洗手时，不要乱甩、乱抖。得体的做法，是两手轮流沾湿指尖，然后轻轻浸入水中涮洗。洗毕，应将手置于餐桌之下，用纸巾擦干。

④ 牙签的使用。牙签，主要用来剔牙。用中餐时，尽量不要当众剔牙。**非剔不行时，应以另一只手掩住口部，切勿大张"血盆大口"。**剔出来的东西，切勿当众观赏或再次入口，也不要随手乱弹，随口乱吐。剔牙之后，不要长时间叼着牙签没完。取用食物时，不要以牙签扎取。

延伸阅读：

正确使用筷子的小贴士

使用筷子取菜、用餐时，需要注意下列问题。

• 不"品尝"筷子

不论筷子上是否残留着食物，都不要去舔它。在取菜前切不可这样做，长时间把筷子含在嘴里也不合适。

• 不"跨放"筷子

当暂时不用筷子时，可将它放在筷子座，或支放在自己所用的碗、碟边缘上。不要把它直接放在餐桌上，更不要把它横放在碗、盘上，尤其是公用的碗、盘上。掉到地上的筷子不要再用。

• 不"插放"筷子

不用筷子时，将其"立正"插放在食物、菜肴之上尤为不可。根据民俗，只有祭祀先祖时才可以这么做。另外，也不要把筷子当叉子，去叉取食物。

• 不"舞动"筷子

与人交谈时，应暂时放下筷子。切不可以其敲击碗、盘，指点对方，或是拿着它停在半空中，好像迫不及待地要去夹菜。

• 不"滥用"筷子

不要以筷子代劳他事，比如剔牙、挠痒、梳头，或是夹取菜肴、食物之外的东西。

7. 讲究斟酒与祝酒的礼仪

酒水是对于用来佐餐、助兴的各种酒类的一种统称。中国人讲究"无酒不成席",酒是宴席上不可或缺的重要内容。而且,宴席上的许多礼仪就是以酒为内容的。所以有必要专门针对饮酒谈谈礼仪问题。

◇ 斟酒

通常,酒水应当在饮用前斟入酒杯。有时,男主人为了表示对来宾的敬重、友好,还会亲自为其斟酒。

在侍者斟酒时,勿忘道谢,但不必拿起酒杯。可是在男主人亲自来斟酒时,则必须端起酒杯致谢,必要时,还须起身站立,或欠身点头为礼。有时,亦可向其回敬以"叩指礼"。即以右手拇指、食指、中指捏在一起,指尖向下,轻叩几下桌面。这种方法适用于中餐宴会上,它表示的是在向对方致敬。

主人为来宾所斟的酒,应是本次宴会上最好的酒,并应当场启封。

◇ 祝酒

饮酒之乐除了酒质优良带来的乐趣外,饮酒时祝酒的气氛和场面更是一种享受。因此,文明祝酒便显得尤为重要了。

在祝酒时,一般应注意下面一些事项。

①祝酒与习惯。首先应了解对方饮酒习惯,以便为他人祝酒时不违他人的习惯。

根据社交礼仪的规定,提议大家干杯、向来宾祝酒的只能是男主人,其他人则不宜这么做。

在为欢迎某位贵宾而特意举行的欢迎宴会上,在男主人祝酒之后,男主宾也可祝酒。

②祝酒与碰杯。碰杯时,主人和主宾先碰,人多可同时举杯示意,不一定碰杯。

碰杯时,要目视对方致意。

致辞与干杯。祝酒时注意不要交叉碰杯。

在主宾和主人致辞、祝酒时，应暂停进餐，停止交谈，注意倾听，也不要借此机会吸烟。

主人和主宾讲完话与贵宾席人员碰杯后，往往到其他各桌敬酒，遇此情况应起立举杯与敬酒者干杯。

依惯例，干杯宜用香槟酒，不用普通的葡萄酒、啤酒。

参加各种宴会切忌喝酒过量致使失言、失态。

礼仪提醒

在酒宴上勤于斟酒是公关人员的良好习惯，可以给客人留下良好印象。但斟酒时要一视同仁，切勿有挑有拣，只为个别人斟酒；斟酒的顺序可以依顺时针方向，从自己所坐之处开始，也可以先为尊长、嘉宾斟酒。

8. 遵循敬酒不劝酒的礼仪

中国人的好客，在酒席上尤其发挥得淋漓尽致，人与人之间的感情交流往往也在敬酒时得到升华。**中国人敬酒时，都想让对方多喝点酒，以表示自己尽到了地主之谊，客人喝得越多，主人就越高兴，说明客人看得起自己，如果客人不喝酒，主人就会觉得有失面子。**有人总结出劝人饮酒有如下几种方式："文敬"、"武敬"、"罚敬"。这些做法虽有其淳朴民风遗存的一面，但也有一定的负作用。

必须明确的是：现代社交，讲究饮酒时祝酒不劝酒！

◇ 文敬

它是传统酒德的一种体现，即有礼有节地劝客人饮酒。酒席开始，主人往往在讲上几句话后，便开始了第一次敬酒，这时，宾主都要起立。主人先将杯中的酒一饮而尽，并将空酒杯口朝下，说明自己已经喝完，以示对客人的尊重，客人一般也要喝完。在席间，主人往往还分别到各桌去敬酒。

◇ 武敬

武敬是为了使对方多饮酒，敬酒者找出种种必须喝酒的理由，若被敬酒者无法找出反驳的理由，就得喝酒。在这种双方寻找论据的同时，人与人的感情交流彼此也深刻了不少。

◇ 罚敬

这是中国人"敬酒"的一种独特方式，"罚酒"的理由五花八门，最为常见的是对出席宴会的迟到者"罚酒三杯"。

◇ 干杯

即在饮酒时，特别是在祝酒敬酒时，以某种方式，劝说他人饮酒，或是建议对方与自己同时饮酒。在干杯时往往要喝干杯中之酒，故称干杯。

干杯需要有人率先提议。**提议干杯者可以是致祝酒词的主人、主宾，也可以是其他任何在场饮酒之人**。提议干杯时应起身站立，右手端起酒杯，或者用右手拿起酒杯后，再以左手托扶其杯底，面含笑意，目视他人，尤其是对自己的祝酒对象，口颂祝颂之词。

在主人或他人提议干杯后，应当手持酒杯起身站立。即便滴酒不沾，也要拿起酒杯装装样子。

礼仪提醒

在干杯时，应手举酒杯，至双眼高度，口道"干杯"之后，将酒一饮而尽，或饮去一半，或适当的量。然后，还须手持酒杯与提议干杯者对视一下，这一过程方告结束。

二、西式宴请的礼仪

改革开放以来，我国同世界各国的交往日益增多，与外国人的交往也日益频繁。目前，公关人员与国外客商的交往可说是时时都可能发生，因此，公关人员吃西餐已经习以为常了。然而，西餐作为与中餐完全不同的一种饮食，在餐饮时，同样是要讲究一定的礼仪规范的。所以，经常与外商交往的公关人员，很有必要了解一些西餐礼仪，以免在与外商宴请的场合闹出笑话。

1. 遵循国际通行礼仪，安排座次

在西餐用餐时，人们对于座次的问题十分关注。越是正式的场合，这一点就显得越为重要。与中餐相比，西餐的座次排列既有不少相同之处，也有许多不同之点。

◇ 座次排列的规则

在绝大多数情况下，西餐的座次问题，更多的表现为位次问题。除非是极其隆重的盛宴，座次问题一般涉及较少。因此，以下主要讨论的，便是西餐的位次问题。

排列西餐的位次，一般应依照一些约定俗成、人所共知的常规进行。了解了这些基本规则，就可以轻而易举地处理位次排列问题。

① 女士优先。在西餐礼仪里，女士处处备受尊重。在排定用餐位次时，主位一般应请女主人就坐，而男主人则须退居第二主位。

② 恭敬主宾。在西餐之中，主宾极受尊重。**即使用餐的来宾之中有人在地位、身份、年纪方面高于主宾，但主宾仍是主人关注的中心**。在排定位次时，应请男、女主宾分别紧靠着女主人和男主人就坐，以便进一步受到照顾。

③ 以右为尊。在排定位次时，以右为尊依旧是基本指针。就某一特定位置而言，其右侧之位理应高于其左侧之位。例如，应安排男主宾坐在女主人右侧，应安排女主宾坐在男主人右侧。

④ 距离定位。一般来说，西餐桌上位次的尊卑，往往与其距离主位的远近密切相关。在通常情况下，距主位近的位子高于距主位远的位子。

⑤ 面门为上。面门为上，有时又叫迎门为上。它所指的是，面对餐厅正门的位子，通常在序列上要高于背对餐厅正门的位子。

⑥ 交叉排列。西餐中排列座次宜交叉排列，这样更有利于广交朋友。

用中餐时，用餐者经常有可能与熟人，尤其是与其恋人、配偶在一起就坐。但在用西餐时，这种情景便不复存在了。正式一些的西餐宴会，一向被视为交际场合。**所以在排列位次时，要遵守交叉排列的原则。依照这一原则，男女应当交叉排列，生人与熟人也应当交叉排列。**

◇ 座次排列的具体操作

在西餐用餐时，人们所用的餐桌有圆桌、方桌和长桌，有时，还会以之拼成其他各种图案。不过，最常见、最正规的西餐桌当属长桌。下面，就来介绍一下西餐排位的种种具体情况。学习它，将有助于更好地理解和掌握排位的基本规则。

① 长桌。以长桌排位，一般有两个主要办法。

办法之一，是男女主人在长桌中央对面而坐，餐桌两端可以坐人，也可以不坐人。

办法之二，是男女主人分别就坐于长桌两端。

某些时候，如用餐者人数较多之时，还可以参照以上办法，以长桌拼成其他图案，以便安排大家一道用餐。

② 圆桌。在西餐里，使用圆桌排位的情况并不多见。在隆重而正式的宴会里，则尤为罕见。其具体排列，基本上是各项规则的综合运用。

③ 方桌。以方桌排列位次时，就坐于餐桌四面的人数应相等。在一般情况下，一桌共坐 8 人，每侧各坐两人的情况比较多见。**在进行排列时，应使男、女主人与男、女主宾对面而坐，所有人均各自与自己的恋人或配偶坐成斜对角。**

礼仪提醒　　一个用餐者的对面和两侧空位，往往留给异性为佳。这样做，最大的好处是利于沟通交流，可以广交朋友。不过，这也要求用餐者最好是双数，并且男女人数各半。

2. 依据不同菜式规范上菜程序

西餐上菜服务与中餐有相同点，也有不同之处，尤其在上菜具体操作手法上各有其特点，这里只介绍美式、法式上菜程序上的礼仪及各自的上菜服务原则。

◇ 美式上菜的程序

客人坐下后习惯先喝一杯冰水，这时应在客人的右边将水杯内倒满冰水，如有不喝冰水的客人，应为他送上鸡尾酒或其他开胃酒，再为所有宾客送上面包、白脱、汤中开胃品（色拉）等。**用左手从左边送上，将开胃酒杯从右边撤下，再上主菜，一般是在厨房里装盘，放在托盘内送出，同时将汤和开胃品盘从右边撤下。**主菜从客人左边送上，从左边再加面包和白脱，如需加咖啡，一般与主菜一起上，不过咖啡须从客人右边上，用右手把咖啡杯倒满，如果有甜点，把主菜盘撤走，再自左侧送上甜点盘，并加满饮料和咖啡。美式上菜的特点是速度快，方法简便。

◇ 法式上菜的程序

上菜人员将所有食品用小推车送上，因食物在厨房内只进行了初加工，成为半成品，加工为成品菜肴需在小车上完成，所以上菜人员要有一定的专业技术。具体程序是：客人就坐，上菜人员送饮料，再将厨房中烧煮备好的菜放进餐厅的手推小车上，在客人面前完成上菜的准备工作，将未烧好的半成品烧成食品并装盘，同时调味汁也需由上菜人员在客人面前调好，把烧好的菜放入盘里后再送给客人。面包、白脱、色拉或其他小物品装盘时，用左手从客人左边送上外，其他所有食品都从客人右边用右手送上，包括饮料。**另外，注意撤盘时仍用右手从客人右边拿走，端盘时应使用大拇指、食指和中指，手指不要碰到盘边的上部，以保证卫生。**

待所有客人吃完以后，要清除台面。主菜撤去后，将调味瓶也撤下，此时可以送上甜点了。

法式上菜程序使客人感到很舒适，但上菜人员则在不停地工作。

俄式上菜的程序也很特别。客人就坐后，先上饮料，食物在厨房内已完全备好，服务人员将大盘菜从客人的左边用右手分送给客人时，按逆时针方向进行。另外，大盘内分剩的菜可重新送回厨房，再被利用，减少浪费。俄式上菜的特点是快速简洁、准备充分。

3. 吃西餐时要讲究礼仪规范

西餐虽然与中餐吃的东西不一样，吃的方法有区别，但在要求讲究礼节礼仪方面却是差不多的。从总体要求来看，两者基本一致。不过在禁忌方面，西餐的要求比中餐要更严格一些。吃西餐时，要讲究礼仪。尤其是下面几点，必须牢记并作为吃西餐时约束自己的规范。

◇ 总体礼仪要求

吃西餐时，尤其是参加正式的西餐宴会时，需谨记的礼仪要求主要有以下四条。

① 举止高雅。由于正统的西餐礼仪出自古代宫廷，并且相传已久，故此其程式化的规定极多。其中最重要的，是要求用餐者严格约束个人举止，力求使之高雅动人。

② 衣着考究。在吃西餐时，特别是赴宴时，西方人非常讲究个人的穿着打扮。若是不谙此道，或明知故犯，即会被人轻视，也会失礼于人。

③ 尊重妇女。尊重妇女是西餐礼仪的一大特点。西餐礼仪里所讲的尊重妇女，并非纸上谈兵，而是广泛地融入了可操作层次。

④ 积极交际。**参加西餐宴会除了品尝美食之外，不要忘记进行适当的交际活动**。根据西餐礼仪，西餐宴会的主旨，就是促进人们的社交活动。

◇ 坐姿恰当

用餐就座身体要端正，与餐桌的距离以便于使用餐具为准。将餐巾放在膝上，不要随意摆弄已摆好的餐具。

◇ 进餐文明

每次送入口中的食物不宜过多，在咀嚼时不要讲话，更不可主动与人谈话，避免食物喷出或掉出。

喝汤时不要溢出汤匙，吃东西要闭嘴咀嚼，不要舔嘴唇或咂嘴发出声音。如汤菜过热，可等稍凉后再吃，不要用嘴吹。

吃鱼、肉等带刺或骨的菜肴时，不要直接外吐，可用餐巾捂嘴轻轻吐在叉上放入盘内。如盘内剩余少量菜肴时，不要用叉子刮盘底，更不要用手指相助食用，应以小块面包或叉子相助食用。吃面条时，要用叉子先将面条卷起，然后送入口中。

面包一般要掰成小块送入口中，不要拿着整块面包去咬。抹黄油和果酱时，也要先将面包掰成小块再抹。

吃鸡时，应先用刀将骨去掉，不要用手拿着吃。吃鱼时不要将鱼翻身，要吃完上层后用刀叉将鱼骨剔掉后再吃下层。吃肉时，要切一块吃一块，不能切得过大或一次将肉都切成块。

◇ 举止文雅

不可在餐桌边化妆或用餐巾擦鼻涕。用餐时打嗝是最大的禁忌。别人讲话不可搭嘴插话。在餐台取食时不要站立取食，坐着拿不到的食物应请别人传递。

刚就餐时不可高声谈笑，更不可狼吞虎咽。对自己不愿吃的食物也应要一点放在盘中，以示礼貌。

可在进餐途中退席。如有重要的事情需要离开一下，应向左右的客人小声打招呼。**饮酒干杯时，即使不喝，也应将杯口在唇上碰一碰，以示敬意。**当别人为你斟酒时，如不需要，可简单地说一声"谢谢"，同时以手稍盖酒杯，表示谢绝。

◇ 懂得规矩

喝咖啡时如愿意添加牛奶或糖，添加后要用小勺搅拌均匀，将小勺放在咖啡的垫碟上。喝时应右手拿杯把儿，左手端垫碟，直接用嘴喝，不要用小勺一勺一勺地舀着喝。

吃水果时，不要拿着水果整个去咬，应先用水果刀切成 4 或 6 瓣，再用刀去掉皮、核，用叉子叉着吃。

暂时离开时，刀、叉应交叉摆放或摆成"八"字，以示尚未吃完。若将刀、叉并拢放在盘子上，刀右叉左，叉面向上，就表示不再想吃了。

吸烟是一种不良嗜好。在进餐过程中，吸烟者要忍住烟瘾，不可吸烟，直到上咖啡表示用餐结束时方可吸用，如左右有女客人，还应有礼貌地询问一声"您不介意吧"。

4. 正确地使用西餐餐具

使用刀叉进餐，是西餐的最重要的特征之一。除了刀叉之外，西餐的主要餐具还有餐匙、餐巾等，至于西餐桌上出现的盘、碗、杯、水盂、牙签等餐具，其用法与中餐大同小异，在此不再赘述。

◇ 刀叉的正确用法

刀叉，是对餐刀、餐叉两种餐具的统称。二者既可以配合使用，也可以单独使用。学习餐刀的使用主要是要掌握刀叉的区别、刀叉的用法、刀叉的暗示等三个方面的问题。

① 刀叉的区别。在正规一点的西餐宴会上，通常讲究吃一道菜要换一副刀叉。也就是说吃每道菜时，都要使用专门的刀叉。

享用西餐正餐时，在一般情况下，每位用餐者面前的餐桌上的刀叉主要有：吃黄油所用的餐刀、吃鱼所用的刀叉、吃肉所用的刀叉、吃甜品所用的刀叉，等等。**刀叉不但形状各异，更重要的是，其摆放的位置不同。**

吃黄油所用的餐刀，没有与之相匹配的餐叉。它的正确位置，是横放在用餐者左手的正前方。

吃鱼所用的刀叉和吃肉所用的刀叉，应当餐刀在右、餐叉在左分别纵向摆放在用餐者面前的餐盘两侧。餐叉的具体位置，应处于吃黄油所用餐刀的正下方。

吃甜品所用的刀叉，应最后使用。它们一般被横放在用餐者面前的餐盘的正前方。

② 刀叉的使用。使用刀叉，一般有两种常规方法可供借鉴。一是英国式。它要求在进餐时，始终右手拿刀，左手持叉，一边切割，一边叉而食之。二是美国式。它的具体做法是先是右刀左叉，一口气把餐盘里要吃的东西全部切割好，然后把右手里的餐刀斜放在餐盘前方，将左手中的餐叉换到右手里，然后再吃。

③刀叉的暗示。使用刀叉，可以向侍者暗示用餐者是否吃好了某一道菜。**如与人攀谈时，将刀右、叉左，刀口向内、叉齿向外，呈"八"字状摆放在餐盘之上。它的含义是：此菜尚未用毕。**

如果吃完了，或不想再吃了，则可以刀口内向、叉齿向上，刀右叉左地并排纵放，或者刀上叉下地并排横放在餐盘里。这种做法等于告诉侍者，请他连刀叉带餐盘一块收掉。

◇ 餐匙的正确用法

学习餐匙的使用，应重点掌握其区别、用法两大问题。

① 餐匙的区别。在西餐的正餐里，一般至少会出现两把餐匙，它们形状不同、用途不一，摆放的位置也有固定要求。一把个头较大的餐匙叫做汤匙，通常它被摆放在用餐者右侧的最外端，与餐刀并列纵放。另一把个头较小的餐匙则叫做甜品匙，在一般情况下，它应当被横向摆放在吃甜品所用刀叉的正上方，并与其并列。

② 餐匙的用法。使用餐匙，必须注意的是，餐匙除可以饮汤、吃甜品之外，绝对不可以直舀取收其他任何主食、菜肴；已经开始使用的餐匙，绝不可再放回原处，也不可将其插入菜肴、主食，或是将其直立于甜品、汤盘或红菜杯之中；使用餐匙时，要尽量保持其周身的干净清洁、不要动不动就把它搞得"色彩缤纷"；**用餐匙取食时，动作应干净利落；用餐匙取食时，务必不要过量，而且一旦入口，就要将其一次用完；不能直接用茶匙去舀取茶水饮用。**

延伸阅读：

使用刀叉的注意事项

在以刀叉用餐时，不论采用上述哪一种方式，都应注意以下几点：

- 在切割食物时，不可以弄出声响；
- 在切割食物时要切记双肘下沉，而切勿左右开弓；
- 被切割的食物应刚好适合一下子入口；
- 要注意刀叉的朝向，将餐刀临时放下时，不可刀口朝外；
- 掉到地上的刀叉切勿再用，可请侍者另换一副。

5. 了解餐巾的用途和用法

餐巾在西餐餐具里，是一个发挥多重作用的重要角色。以下主要介绍一下餐巾的铺放和餐巾的用途等两个方面的问题。

◇ 餐巾的铺放

西餐里所用的餐巾，通常会被叠成一定的图案，放置于用餐者右前方的水杯里，或是直接平放于用餐者右侧的桌面上。它们面积上有大、中、小之分，形状上也有正方形与长方形之别。

不论是大是小，还是哪一种形状，餐巾都应被平铺于自己并拢的大腿上。使用正方形餐巾时，应将它折成等腰三角形，并将直角朝向膝盖方向。若使用长方形餐巾，则可将其对折，然后折口向外平铺。打开餐巾、折放餐巾的整个过程应悄然进行于桌下，万勿临空一抖，吸引他人注意。

尤其要注意，在外用餐时，一定不要把餐巾掖于领口，围在脖子上，塞进衣襟内，或是担心其掉落而将其系在裤腰上。

◇ 餐巾的用途

在正餐里，餐巾所发挥的作用主要有如下几条。

① 用来为服装保洁。将餐巾平铺于大腿之上，其主要目的，就是为了"迎接"进餐时掉落下来的菜肴、汁汤，以防止其弄脏自己的衣服。

② 用来揩拭口部。在用餐期间与人交谈之前，应先用餐巾轻轻地揩一下嘴，免得自己"满嘴生辉"，"五光十色"。但又不要乱涂乱抹，搞得"满脸开花"。**女士进餐前，亦可以餐巾轻印一下口部，以除去唇膏。以餐巾揩口时，其部位应大体固定，最好只用其内侧。**通常，不应以餐巾擦汗、擦脸，擦手也要尽量避免。特别要注意，不要用餐巾去擦餐具，那样做等于向主人暗示餐具不洁，要求其调换另一套。

在西餐中，不可使用餐巾擦拭脸部和擦拭餐具。如果不懂得餐巾的用途，可仿照女主人而行之。

③ 用来掩口遮羞。在进餐时，尽量不要当众剔牙，也不要随口乱吐东西。万一非做不可时，应以左手拿起餐巾挡住口部，然后以右手去剔牙，或是以右手持餐叉接住"出口"之物，再将其移到餐盘前端。倘若这些过程没有遮掩，是颇为失态的。

延伸阅读：

巧用餐巾做暗示

在用餐时，餐巾可用以进行多种特殊暗示。最常见的暗示又分三种：

其一，是暗示用餐开始。西餐大都以女主人为"带路人"。当女主人铺开餐巾时，就等于是在宣布用餐可以开始了。

其二，暗示用餐结束。当主人，尤其是女主人把餐巾放到餐桌上时，意在宣告用餐结束，请各位告退。其他用餐者吃完了的话，亦可以此法示意。

其三，暗示暂时离开。若就餐者中途暂时离开，一会儿还要去而复返，继续用餐，可将餐巾放置于本人座椅的椅面上。见到这种暗示，侍者就不会马上动手"撤席"，而会维持现状不变。

---

6. 品尝菜肴应避免粗俗无礼

西餐里的各道菜式，在具体的品尝方法上均有所不同。不了解各种菜肴的具体品尝方法，同样也吃不好西餐。以下，将扼要介绍一下西餐里常见的面包、汤、主菜、点心、甜品、果品等的具体吃法。

◇ 面包

在西餐中所吃的面包，主要有鲜面包、烤面包等两种。二者在吃法上小有差别，对此应予以注意。

吃西餐面包，不仅要懂得鲜面包与烤面包的区别，而且要懂得它们不同的吃法。

① 鲜面包。吃未烤过的鲜面包，不可一下拿得过多。正确的吃法是，用左手拿大小适当、刚巧可以一次入口的一小块，涂上黄油、果酱或蜂蜜后，再送入口中。**不要像吃汉堡包那样双手捧着吃，或是拿着一大块，一口接一口地咬着吃**。吃未烤的切片面包，也可以这样一小块、一小块撕着吃。

② 烤面包。吃已烤过的面包，是不能撕食的，否则将使面包屑乱飞。吃的时候，可慢慢地咬着吃。吃的时候，可配以黄油、鱼子酱。挤些柠檬，味道会更好。不论吃哪种面包，都不能用它蘸汤或擦盘子。

◇ 汤

不管喝哪一种汤，都需知道应当如何"有所为"，"有所不为"。在西餐里，汤是一道菜，故对其不可轻视。

① 正确喝汤的方法。喝汤时，讲究以右手持握汤匙，由近而远，向外侧将汤舀起，然后就嘴而食之。

倘若以盘盛汤，盘内之汤所剩无几时，可以左手由内侧托起盘子，使其外倾，然后以右手持匙舀之。

② 喝汤时的注意事项。在喝汤时，要做到三不：**第一，不端起汤来喝；第二，不趴到汤盆、汤盘上去吸食；第三，不用嘴吹汤，或是用盆、盘或汤匙去反复折汤降温**。不然的话，便是大错特错了。

◇ 主菜

西餐的主菜花样甚多。冷菜里的冻子、泥子，热菜里的鱼、鸡、肉最为多见，下面就对其分别加以介绍。

① 冻子。冻子，即用煮熟的食物和汤汁冷却凝结而成的一种菜肴。最常见的冻子有肉冻、鱼冻和果冻。吃冻子时，需以刀切割，以叉取食。

② 泥子。泥子，通常指的是以虾、蟹或动物的肝、脑为主料，配以鸡蛋、芹菜，加上佐料，搅拌而成的一种菜肴。吃泥子时，应主要使用餐叉。

③ 鱼。西餐中所吃的鱼，往往骨、刺很多。必要的时候，可先用餐刀将其切开，轻轻将骨、刺剥出后，再把它切成小块，以叉入口。对不想吃的鱼皮，亦可照此办理。要是鱼的腥味太重，可吃前用手挤上一点柠檬汁。

④ 鸡。吃鸡的时候，切勿直接下手操持。而需先设法去骨后，再以刀叉切割成小块，而后分而食之。

⑤ 肉。在西餐里，肉菜往往指的是猪、牛、羊肉。平常所说的主菜，往往只与肉菜画等号。**在肉菜里，牛排、羊排、猪排，尤其是牛排，经常处于"重中之重"的位置。**

吃西餐肉菜时，一般要从左往右，以大小一次入口适度为宜，将其以刀叉切割进食。

◇ 点心

在西餐里，经常吃的点心有饼干、馅饼、三明治等。

① 饼干。吃饼干时，应当用右手单独拿着吃。吃蛋糕时亦需如此。

② 馅饼。吃馅饼时，应当先用刀叉切成大小适当的小块，然后再用右手托着吃。

③三明治。吃三明治，一般应当用双手捧着吃。如果它不太大，则可仅用右手捏着吃。

◇ 甜品

西餐里最常见的、最受欢迎的甜品有布丁、冰淇淋等。其食用方法分别为：

① 布丁。**西餐里上桌的布丁一般是流质的，故不应直接以手取食，或以刀叉助餐。**正确之法，是以专用的餐匙取食之。

② 冰淇淋。在西方国家里，冰淇淋是正餐必备的主要甜品，而非可有可无的一种冷饮。冰淇淋上桌时，通常被置于专用的高脚玻璃杯内，应以餐匙食之。

◇ 果品

吃西餐时，果品的吃法也是有讲究的，该用刀叉时必须使用，不能用平时吃水果的方法取食。

吃西餐时，所提供的水果有干果、水果之分，不过水果是最常见的。以下，分别介绍一下草莓、菠萝、苹果等最受喜爱的水果的食用方法。

① 草莓。普通的草莓，可用手取食，蘸些糖或酸奶油也可以。吃带调味汁的草莓，则必须使用餐匙。

② 菠萝。吃菠萝时，首先应当将其切割成小块，然后再以餐叉进食。不要用手抓食，或举而咬食。

③ 苹果。最正规的吃苹果的方法，是取一个苹果，先切成大小相仿的四块，然后逐块去皮，再以刀叉食之。不过，现在绝大多数人，都是用手拿着去皮的小块苹果直接吃了。

延伸阅读：

西餐开胃菜的吃法

在一般情况下，开胃菜多以色拉为主。在个别时候，也会上一些海鲜或果盘。

① 色拉。吃色拉时，通常只宜使用餐叉，这是因为色拉在上桌前，均已切割完毕，故不应再煞有介事地去"大动干戈"，持刀大切。

② 海鲜。开胃菜里的海鲜，主要有鲜虾、牡蛎、蜗牛。吃小虾时，可以叉取食。吃大虾的话，则应先用手剥壳，再送入口内。有时亦可以叉取食，但不必切割。

吃牡蛎时，应采用专门的餐叉，一只一只地吃。

吃带壳的蜗牛，可先用专门的夹子将肉夹出食之，然后再吮吸壳内的汤汁。若蜗牛已去壳，则可直接以餐叉取用。

7. 西餐中饮用酒水的礼仪

◇ 西餐中酒水的种类

西餐宴会所用酒水主要包括：啤酒、葡萄酒、香槟酒、白兰地酒、威士忌酒等。

①啤酒。啤酒又叫麦酒。它是用大麦和啤酒花为主要原料，发酵制成的酒类。它含有大量的泡沫和特殊的香味，味道微苦，酒精含量较低，一般在 4 度左右。目前，世界各国都出产啤酒，但它主要分为德国型、捷克型、丹麦型等三大类型。**根据工艺的不同，又有生啤、熟啤之分，黄啤、黑啤、红啤之别。**

饮用啤酒，一般应采用专用的倒三角形或带把的啤酒杯。饮用它的最佳温度，在摄氏 7 度左右，所以不要加冰或久冻。

②葡萄酒。葡萄酒是以葡萄为原料，发酵酿造而成的一种酒类。它的酒精含量不高，味道纯美，富含营养。根据其色彩的不同，葡萄酒有白葡萄酒、红葡萄酒之分。根据其糖分含量的不同，又可将葡萄酒分为干、半干、微干、微甜、半甜、甜等几种。

葡萄酒不仅可以佐餐，而且也可以单独饮用。喝不同的葡萄酒，温度上有不同的要求。白葡萄酒宜在摄氏 7 度左右喝，故应当加冰块。而红葡萄酒则在摄氏 18 度左右饮用最佳，故不宜加冰块。

礼仪提醒　喝葡萄酒时，要用专门的高脚玻璃杯。但是喝白葡萄酒时，要捏着杯脚；而喝红葡萄酒时，则讲究握住杯身。

③香槟酒。香槟酒也叫发泡葡萄酒，或者"爆塞酒"。实际上，它是一种以特种工艺制成的、富含二氧化碳的、起泡沫的白葡萄酒。它的酒精含量约在 10 度左右，口感清凉、酸涩，且有水果香味。

香槟酒以在摄氏 8 度左右饮用为佳，故在饮用之前需将其暂时冷藏于冰箱之内。饮用香槟需用郁金香型的高脚玻璃杯，并应以手捏住杯脚。

④白兰地酒。白兰地酒亦为葡萄酒大家族里的一员，它是用葡萄酒发酵之后蒸馏精制而成的，故此又叫蒸馏葡萄酒。它的酒精含量约为 40 度，色泽金黄，香甜醇美。

与中国白酒有所不同，以白兰地为代表的洋酒大都是以盎司计量的，故此它不讲究"酒满敬人"。饮白兰地酒的最佳温度为摄氏 18 度。**故应将其盛放在专用的大肚、收口、矮脚杯内，先以右手托住杯身观其色彩，并以手掌为其加温。**随后，待其香味洋溢时，闻过之后，再慢慢小口品尝。

⑤威士忌酒。威士忌酒，是一种用谷物发酵酿造而成的烈性蒸馏酒。它的口味浓烈、刺激，酒精含量约为 40 度。

威士忌酒可以干喝，不过加入冰块、苏打水或姜汁后，其味道更好。**喝威士忌酒时，最好采用专门的平底小玻璃杯，耐心细致地慢慢将其品尝。**

延伸阅读：

色泽丰富的鸡尾酒

鸡尾酒并非某一种类的酒，而是一种混合型的酒。它是用各种不同的酒，以及果汁、汽水、蛋清、糖浆等其他饮料，按照一定的比例，采用专门的技法调制而成的。它的口味有浓有淡，酒精的含量有多有少，但其共同特点，则是色彩纷呈，层次分明，闪烁不定，好似雄鸡之尾，故被叫做鸡尾酒。

饮用鸡尾酒，为了便于观赏其独具特色的丰富色泽，最好用高脚广口的玻璃杯去盛放鸡尾酒。

◇ 西餐中酒菜的搭配

一般来讲，吃西餐时，每道不同的菜肴要配不同的酒水，吃一道菜要换上一种新的酒水。西餐宴会中所上的酒水，一共可分为餐前酒、佐餐酒、餐后酒等三种。

① 餐前酒的饮用。餐前酒，别名开胃酒。显而易见，它是在正式开始用餐前饮用，或是在吃开胃菜时与之配伍的。在一般情况下，人们喜欢在

餐前饮用的酒水有鸡尾酒、味美思和香槟酒。

② 佐餐酒的饮用。佐餐酒又叫餐酒。它是在正式用餐期间饮用的酒水。西餐里的佐餐酒均为葡萄酒，而且大多数是干葡萄酒或半干葡萄酒。**在正餐或宴会上选择佐餐酒，有一条重要的讲究不可不知，即"白酒配白肉，红酒配红肉"**。这里所说的白肉，即鱼肉、海鲜、鸡肉。吃它们时，须以白葡萄酒搭配。红肉即牛肉、羊肉、猪肉。吃这类肉时须配以红葡萄酒。

③ 餐后酒的饮用。餐后酒指的是在用餐之后，用来以助消化的酒水。在一般情况下，饮不同的酒水要用不同的专用酒杯。最常见的餐后酒是利口酒，又叫香甜酒。其中最有名的是白兰地酒。

◇ 西餐饮酒的礼仪

在较为正式的西餐宴会上，常见的饮酒礼仪包括：斟酒、祝酒、干杯几个方面。

① 斟酒。通常，酒水应当在临饮用时再斟入酒杯。有时，男主人为了表示对来宾的敬重、友好，还会亲自为其斟酒。

在侍者斟酒时，勿忘道谢，但不必拿起酒杯。可是在男主人亲自来斟酒时，则必须端起酒杯致谢，必要时还需起身站立，或欠身点头为礼。

② 敬酒。敬酒亦称祝酒。它具体指的是，在正式宴会上，由男主人向来宾提议，为了某种事而饮酒。在敬酒时，通常要求说一些祝愿、祝福之言。**敬酒可以随时在饮酒的过程中进行。致祝酒词最适合在宾主入席后、用餐前开始。**

在西餐宴会上，有人敬酒或致词时，在场者应一律停止用餐或饮酒。应当坐在自己的位置上，面向对方洗耳恭听。

③ 干杯。干杯，指的通常是在饮酒时，特别是在祝酒敬酒时，以某种方式，劝说他人饮酒，或是建议对方与自己同时饮酒。在干杯时往往要喝干杯中之酒，故称干杯。

干杯需要有人率先提议。提议干杯者可以是致祝酒词的主人、主宾，也可以是其他任何在场饮酒之人。提议干杯时应起身站立，右手端起酒杯，或者用右手拿起酒杯后，再以左手托扶其杯底，面含笑意，目视他人，尤其是对自己的祝酒对象，口颂祝颂之词。

在主人或他人提议干杯后，饮者应当手持酒杯起身站立。在干杯时，应手举酒杯，至双眼高度，口道"干杯"之后，将酒一饮而尽，或饮去一半，或适当的量。

然后，还须手持酒杯与提议干杯者对视一下，这一过程方告结束。

延伸阅读：

西餐宴会时的禁忌

在西餐宴会中，一定要注意以下禁忌。

- 用餐时禁止吸烟；
- 不要跷二郎腿；
- 不宜在餐厅化妆；
- 用餐时不要发出响声，即使喝汤也一样；
- 不要端着盘子进餐，也不要用刀扎着食物进食；
- 食物热不要用嘴吹，吃进嘴里的东西不可再吐出；
- 餐具掉了不要自己拾，应由服务员拾起。

第 八 章

馈赠礼品与送花的礼仪

　　馈赠礼品与送花是人际交往中十分常见的交际方式，也是公关活动中深受欢迎的礼仪形式。根据中央的要求，党政机关和国有企业有关人员严格禁止送礼。但在企业和个人之间，适度地馈赠一些价值不高的礼品也是不禁止的。

　　花有花语，物有物意。送花送礼也需要讲究恰当的方式，把握合适的时机，从而达到以花言情、以物传情的公关目的。作为公关人员，无论礼物贵贱轻重，只有掌握送花送礼的礼仪技巧，才能使对方欣然接受。

一、 馈赠礼品的礼仪

古今中外的交际往来，几乎都离不开送礼这个内容。因此，我们应当将公关赠礼、正常的人际交往送礼与收买贿赂、腐蚀拉拢等歪门邪道、腐败习气区别开来。公共关系或人际关系虽然不是完全用物质手段维系的，但是，也绝对不能离开一定的物品。

1. 送礼之前要三思而行

礼品是表情达意的形式。社会组织为了表达对内外公众的敬意、谢意，与公众建立良好的沟通渠道；公关人员为了表示对亲朋好友的亲情友谊，以实现情感的互相扶助，常常需要赠送必要的礼品。**送礼要讲究恰到好处，恰如其分。如果不因人、因事、因时、因地而施以适当的礼物，不讲究送礼过程的礼仪规范，效果可能就会很差**。例如，有时你送给人家一件过分昂贵的礼物，可能会使收礼者感到不安，甚至会产生贿赂的感觉；相反，如果礼物太俗气，或太不值钱，效果也是不好的。

赠单位与赠个人，无疑应有所差别；赠群体与赠个人也应有分寸。如果是赠单位，就应考虑单位的性质、经营项目、经济规模、设施状况等等；如果是赠个人，就应摸清被赠者的性格特点、身份地位、民族习惯、身体状况，等等。同样一份礼品，对于不同的受礼者会有不同的反应。拿送给个人的礼品来说，一根拐杖送给老年人或残疾人也许是最恰当、最准确的选择，但如果送给一位健康的妙龄少女无疑就有几分滑稽。

如是送给单位，应在赠礼前搞清楚赠礼对象是开业典礼还是周年志庆，是技改成功还是产品转向，以便选择适当的礼品。如果是送个人，应搞清对方是生日庆典还是结婚仪式，是高就荣升还是乔迁新居，再去挑选礼品。**搞清送礼的性质，对于赠礼目的的达成至关重要**。例如，提一个大蛋糕庆贺对方生日是最正宗的礼品，但用蛋糕去庆贺对方高升就不是太合适了。搞清以上所讲的目的，在于预见赠礼的效果，使之与我们的公关目的基本吻合，达到沟通关系、联络感情、增进了解、互相关心的目的。

礼仪提醒

作为情感的象征或媒介，礼品既可以是一件实用的物件，也可是一束鲜花、一件饰品等纪念品。如何根据对象的不同，精心选择时间和礼品及送达的场合等，是必须认真考虑的。这是赠送礼品的基本礼仪要求。

2. 礼品的选择与包装要适宜

礼品有贵贱厚薄之分，有善恶雅俗之别。如何根据赠礼性质、送礼对象等挑选礼品，是一门学问。

挑选礼品时不仅要考虑质，还要考虑量。大多数中国人认为偶数表示圆满、吉祥，因而选礼时讲究成双成对，尽量避免奇数；也有个别地方在某些特定关系上要送"三色礼"，"七样全"的。日本人忌讳"4"或"9"，因为这两个数的日本发音与"苦"、"死"相似，所以给日本人送礼应尽量避开这两个数。还有给欧美人送礼应避开"13"，等等。

此外，选择礼品时还要考虑不要犯了对方的禁忌。例如前面提到的给国人送寿礼，一定不要选钟，因为有"送终"之疑；给新婚夫妇送礼不要选梨，因有"送离"之嫌。同时，送礼也应避免对方或旁人误会。如不可对作为一般同事、朋友关系的异性送内衣内裤、文胸腰带、戒指项链等物品。因为这类东西一般只是恋人、夫妻、情人之间相赠的礼物。

礼品选好后，应检查一下，上面是否有价格标签。如有，应当取下或换一件没有标签的。因为价格标签在许多场合都会给送礼带来不好的情感和礼仪效应。例如，当你的礼品价格高于其他送礼人的价格时，也许主人会较高兴，但其他客人则往往比较反感；当你以为选了一件质好价高的礼品，满怀欣喜送给主人时，发现其他人送的礼品的价格却远远高于你的，你就多少会有些寒酸、羞涩、无地自容的感觉。假如没有价格标签，就可能在很大程度上避免这些失礼现象和场面。

送礼前的最后一道必要的工序是对礼品进行包装。在德国，散装礼品或用报纸等简装的礼品是不能送人的。在那里，礼品包装的原则是越精美越好。日本人送礼也很讲究包装，而且一般都是用美观实用的方形布料做包装。

延伸阅读：

包装礼品情更重

包装礼品的好处是很多的：

- 可以表达你的精心与诚意；
- 可以使一件外表朴素的礼品更显美观、更具有艺术性；
- 避免给人以俗气的感觉；
- 由于包装，使礼品的价格保持一点神秘感，更有利于交往。

包装可以自己进行，也可以到礼品的包装店请店员代为包装。现在许多大城市都有专门的礼品包装店，或者在礼品店里有专门的礼品包装柜台。**包装时，包装材料的颜色最好挑选受礼者喜欢的。**

包装完毕后，应贴上写有自己祝词和签名的缎带或彩色卡片，表达自己的情感和诚意。这样做有助于受礼者在庆贺仪式后清点礼品时，知道哪一件是谁赠送的礼品。

3. 把握好赠送的时机和场合

赠送礼品宜掌握时机，选择恰当的时机，可以使馈赠礼品显得自然亲切。我国是一个节日较多的国家，传统节日主要有春节、元宵节、端午节、中秋节、重阳节等，选择这样的时机赠礼物，会使双方感情更为融洽。"每逢佳节倍思亲"，节日期间，晚辈看望长辈，送些礼品，可以表达一片孝敬之心；下属看上级，可以表达对领导的尊敬之情；上级探望属下，可以表达对属下的关心；朋友之间互访欢聚一堂，其乐融融。还有一些组织的特殊纪念日，如开业典礼、周年庆典等仪式，作为合作伙伴，也应送上一份礼物，以表示节日的祝贺与纪念。同时亲友嫁娶、乔迁之喜、添丁、寿辰等备以礼品相送，会使人们感到充实和友情的存在。同学、同事、战友走上新的岗位，为表达依依惜别之情，赠送一些礼品，留作纪念以表友谊地久天长。

赠礼场合的选择是十分重要的。**通常情况下，当着众人的面只向某一位赠送礼品是不合适的，给关系密切的人送礼也不宜在公开场合进行。**只有象征着精神方面的礼品才适宜在众人面前赠送，如锦旗、牌匾、花篮等。

延伸阅读：

一次恰当的送礼

1998 年 6 月中美两国文物部门和警方联合在北京举行仪式，庆祝美国警方和中国警方成功合作追回了一件中国被盗文物——千年石刻。美国方面非常看重这次合作的成功，为表示对中国的友好，他们把归还时间安排在克林顿总统访华期间，将这件文物的归还作为美国总统送给中国人民的礼物。克林顿总统的这件礼物，在某种程度上富有特殊的意义。

4. 赠送礼品要讲究礼仪方式

一般赠送礼品的方式有三种：即当面赠送、邮寄赠送和托人赠送。

◇ 当面赠送

当面赠送即由送礼者直接、当面将礼品送给受礼者。这种送礼方式是最常用的一种送礼方式。一般送礼者可在送礼时随机应变，畅叙情意，还可介绍礼品的寓意，演示礼品的用法等。

◇ 邮寄赠送

邮寄赠送即通过邮局来将礼品邮寄给受礼者。一般要在礼品里附上一份礼笺，礼笺上既要署名又要用规范的语句说明赠礼的缘由。

◇ 托人赠送

托人赠送即借助一个中间人来把礼物送给受礼者。一般为避免尴尬、拘谨或不能当面赠送的礼品。一定要选择一个适宜的人代其送礼，而且要附上一份礼笺，还要以恰当的理由来向受礼者解释送礼人何以不能当面赠送礼品。

送礼时，一般站立，双手把礼品递送过去，面带微笑，目视对方，伴有简单的送礼致词。递送之后，有时还要与受礼者热情握手。一般不要用一只手递送，更不要悄悄乱塞和偷偷传递，语言要得体，不要说"这是临时为你买的"、"这是我家里用不完的"、"没花几个钱"等。这是一种有失礼貌的说法；有的送礼者急于表达自己的诚意真情，在受礼者面前过多地说明礼品如何贵重，有多少多少用途，等等，也让人觉得有些俗气。只有某些西方人，才习惯于在受礼者面前打开礼品，解释一番，中国人一般没有这种习惯。

5. 受礼与拒礼都不可失礼

公关人员不仅要送礼给人家也可能面临别人送礼给自己的情况，这就应该注意受礼与拒礼的礼仪常识。

受礼者在受礼时要注意：接受礼物要从容大方，友善温和，神态自然，既要表现出感谢之意，又不能过分显得喜出望外，尤其不能出现送礼前冷，送礼后热的骤变。一般应双手接礼，然后抽出右手与对方握手，并说"谢谢"。**一般情况下不推来推去，或可直接要求对方"把它拿回去"，若推了半天受礼者又将礼品收下，则更会让人觉得虚伪。**

接受他人的礼品时，如条件允许，征得对方的同意，不妨将礼品拆开包装来欣赏一番，（尤其是工艺品）并当面加以称赞。然后将礼品放在适宜的地方，不要随意乱放。拆包装时要小心、慎重，让送礼者感觉到他送的礼品对受礼者很重要，对方很重视。若是鲜花，则要在接过后捧在胸前稍稍闻其香，然后装花瓶摆放。不能倒拎着或转送他人，对别人送的礼品要珍惜爱护。

通常情况下，拒绝收礼是不应当的，但如果有理由认为该礼物的意义已经超过了朋友之间表示感谢的内容时，或觉得送礼者别有所图、别有心计而应当拒收，拒收的过程应暗示送礼不妥的原因和自己拒收的理由，态度可坚决而方式要委婉。如果不能当面拒收礼物，可在24小时内迅速作出反应，可亲自去退，也可请人代劳去退，还可通过邮局邮寄退回。重要的是勿忘感谢送礼者，并一定要说清楚不能接受的原因，使对方理解，又不伤害对方的感情。

中国人讲究礼尚往来，来而不往非礼也。接受他人馈赠后，一般应考虑回赠。回赠的礼物可按赠受礼品的原则进行。值得注意的是回赠不宜与当初接受的礼品等值，那样会使人觉得斤斤计较，没有诚意，更显俗气。**也不宜接受一份礼物后，马上回赠礼品给对方，这会使送礼人感到难堪，似是为受物而送物，贬低了人们情感的地位。**

回赠的时间可以选择在客人临别时回赠，也可以在接受礼物之后，隔一段时间登门回拜，顺便带给对方一些礼物表示谢意，还可寻找机会回赠，如对方喜庆的日子，送上适宜的礼品表示你的谢意。

二、送花的礼仪

在公关活动中，赠送鲜花是一种特殊的馈赠形式，而且是最受欢迎的一种馈赠形式。送人以鲜花，既可以"借物抒情"，以其表达感情，增进友谊，也可以提升馈赠行为的品位和境界，使之高雅脱俗，温馨浪漫。因此，在人际交往中，以花为赠，是最容易被对方接受、皆大欢喜的一种馈赠选择。

1. 送花是公关活动的馈赠形式

在公关活动中赠送鲜花，是馈赠的一种特殊的形式，而且是人们最为欢迎的一种馈赠形式。

送花的形式，即应当如何将鲜花送人的问题。具体而言，送花的形式既可以以人而区分，也可以以花来区分。

◇ 以人区分

以人区分送花的形式，通常可将其区分为本人亲送、亲友转送、雇人代送等三种。它们分别适用于不同的情况和场合。

① 本人亲送。**本人亲送鲜花，是送花的最基本的形式。**这种形式不仅自己身临其境，表达自己的感情，而且可以见机行事。

② 亲友转送。由亲友转送鲜花，一般是赠送人本人因故不能到场时所做的一种选择。

③ 雇人代送。有时，自己难以分身，或是为了刻意制造一种气氛，可以按有关标准支付费用，委托鲜花店的"花仙子"，或是邮政局的"礼仪小姐"，代替自己上门送花。

◇ 以花区分

依照送人的鲜花或者组合的形式的不同，送花又可以分为送束花、篮花、盆花、插花、花环，等等。

① 束花。束花又叫做花束。它是以新鲜的数枝单花，捆扎成束，精心修剪或包装而成的一种鲜花组合。

② 篮花。蓝花又叫花篮。它是以形状各异的精编草篮，按一定的要求，盛放一定数量花大色艳的新鲜的束花。

③ 盆花。即栽种在专门的花盆里，主要用作观赏的花草。

④ 插花。它指的是**采用一定的技巧，将各种供观赏的鲜花在精心修剪之后，经过认真搭配，然后插放在花瓶、花篮、花插之中。**

⑤ 花环。此处所指的是用新鲜的花编扎而成的环状物，可以手持，也可以佩带于脖颈、头顶或手腕上。

2. 选择送花的时机要恰到好处

诗圣杜甫曾经有诗写道："好雨知时节，当春乃发生。"其实，要使送花的效果恰到好处，又何尝不需要巧择时机呢？

在人际交往中，适合以花相赠的机会不少。抓住时机赠人以鲜花，或许更容易大见成效。

◇ 例行时机

在以下场合以花赠人，早已成为被很多人所采用的方式。

① 喜礼之用。碰上亲朋好友结婚、生子、做寿、乔迁、升学、晋职、出国诸般喜事，自可赠送鲜花，作为喜礼，恭喜对方。

② 贺礼之用。参与某些应表祝贺之意的活动，例如企业开张、展览开幕、大厦奠基、新船下水、周年庆典、演出成功等，可赠送鲜花，作为贺礼。

③ 节庆礼之用。逢年过节，遇到诸如春节、中秋节、国庆节、老人节、母亲节、父亲节、教师节、青年节、妇女节、情人节之类的良辰吉日，可向亲友赠送鲜花。

④ 嘉奖礼之用。对于先进、模范、英雄、义士以及在各类比赛中的获胜者，或者为国家、为单位赢得荣誉者，可赠送鲜花，表示嘉奖鼓励。

⑤ 慰问礼之用。当亲友、邻里、同事、同学、同乡或其家人碰到不幸、挫折时，例如失学、失业、失恋、生病，或是遇到其他一些天灾人祸时，应前去慰问，并赠以鲜花。

⑥ 祭奠礼之用。当自己为他人祭祀、扫墓时，可以花为礼，追思、缅怀故人，或表示自己的一番敬意。

◇ 巧用的时机

在如下一些情况下，用鲜花赠送于人，不仅独出心裁，富有创意，令人耳目一新，而且往往也会有助于赠送者与受赠者双方之间关系的发展或者改善。

① 做客之时。前往他人居所做客时，选择何种礼品经常让人颇费思

量。其实，此时假若以鲜花为礼，是既脱俗，又不至于让对方为难或产生猜忌的。

②迎送之时。当关系密切者即将远行，或者远道归来之际，向其赠送一束鲜花，可以巧妙地向对方委婉地表达自己的亲情、友情、爱情，不会令其无所附丽。

3. 掌握基本的花卉语知识

花卉语就是各种不同的花其所代表的含义。这是人们在长久的生活习惯中逐渐形成的共识。一般来说，在不同的国家和地区，它们的含义是有很大区别的。因此，唯有懂得这些，才能正确地使用花卉，从而不至于在赠送时闹出误会。

公关人员要懂得以下有代表性的中国花卉语。

- 牡丹表示：富贵、繁荣
- 玫瑰表示：纯洁的爱
- 康乃馨表示：母爱、慈祥温馨、柔情
- 兰花表示：高贵、优雅
- 向日葵表示：敬慕、光辉
- 郁金香表示：爱的告白
- 菊花表示：长寿、高洁、哀悼
- 银莲花表示：吉祥如意
- 茉莉花表示：清净纯洁、朴素自然
- 百合表示：百事合意、纯洁
- 常春藤表示：永久的记忆
- 马蹄莲表示：永结同心、圣洁虔诚
- 紫罗兰表示：永恒的美
- 孔雀草表示：朴素自然、温柔
- 一品红表示：普天同庆、共贺新生
- 石斛兰表示：慈爱、父爱之花
- 万年青表示：友谊长存、青春永驻、平安

- 蝴蝶兰表示：我爱你
- 勿忘我表示：不要忘我、长相随
- 满天星表示：清纯、思念、福星高照
- 蓬莱松表示：长寿
- 风铃草表示：成功、春风得意
- 大丽花表示：大吉大利
- 仙客来表示：清秀俊美
- 水仙花表示：品德高尚、清秀脱俗
- 连翘表示：财运高涨、恭喜发财
- 米兰表示：平凡、清雅
- 杜鹃表示：繁荣、鸿运当头、节制
- 山茶表示：智慧、美丽、端庄
- 丁香花表示：谦逊
- 杏花表示：疑惑
- 山楂表示：希望
- 富贵菊表示：合家欢乐、荣华富贵
- 秋海棠表示：美丽常在、气质高雅
- 报春花表示：充满希望、渴望自由
- 荷苞花表示：财源广进

此外还要懂得一些有代表性的西方花卉语：

- 白百合花表示：纯洁
- 鸡冠花表示：爱情
- 刺玫瑰表示：优美
- 紫藤表示：欢迎
- 红茶花表示：天生丽质
- 蓝紫罗兰表示：诚实
- 野葡萄表示：慈善
- 墨桑表示：生死与共
- 翠菊表示：追念
- 红郁金香表示：宣布爱情

- 黄郁金香表示：爱的绝望
- 红康乃馨表示：伤心
- 杜鹃表示：节制
- 薄荷表示：有德
- 大丽花表示：不诚实
- 白丁香表示：念我
- 白茶花表示：天真
- 万寿菊表示：妒忌、悲哀
- 四叶丁香表示：属于我
- 野丁香表示：谦逊
- 黄康乃馨表示：轻蔑
- 牡丹表示：拘谨和害羞
- 百合花表示：庄重和尊敬
- 石竹表示：奔放和幻想
- 柠檬表示：挚爱
- 杏花表示：疑惑
- 水仙表示：尊敬和自爱
- 兰花表示：热情
- 白菊花表示：悲伤

第 九 章

各种公关娱乐活动礼仪

在现代社会，人们都深知广泛参加公关娱乐活动的重要性。通过这些活动，可以交流信息，结识朋友，增长见识，优化提升自我形象。公关娱乐有多种形式，本章主要简介舞会与晚会两种主要的娱乐形式。舞会是一种高雅的娱乐活动，具有浓厚的交际氛围。经常参加舞会可以使人提高道德品质水准，养成良好的气质风度。晚会也是常见的公关娱乐形式，是公关活动主宾之间沟通和交流的有效形式。无论是公关人员还是公关娱乐的参与者，都应当掌握有关娱乐活动的礼仪。

一、舞会的组织与参与的礼仪

在公关活动中，举办公关舞会是一种常见的公关娱乐形式，它不仅可以增进舞会举办者与被邀请者的交往和友谊，还可以强化本单位的亲和力。在此，公关人员不仅要负责组织舞会，同时也是舞会的参加者，这就需公关人员懂得并掌握各种有关舞会的礼仪，才能使公关活动顺利开展。

1. 组织舞会要做细致的准备

组织舞会，应做好准备工作。主要包括以下几个方面。

◇ 选择适当的时间

舞会一般在周末、节假日或开幕式、闭幕式的晚上举行。

◇ 安排舞伴

邀请的客人应男女人数相当；对已婚者一般是邀请夫妇二人。较正式的舞会要发请柬。

◇ 布置场地

舞会的场地要考虑人数的多少，大小适中。**场地布置应雅致、美观，可用花卉、彩带和各种彩色灯装饰；地面要清洁平整并打蜡使之光滑；灯光要稍暗，光线要柔和。**

◇ 选好舞曲

较正式的舞会最好安排乐队伴奏，营造隆重、热烈的气氛，一般的舞会可播放唱片、磁带伴奏。在选定舞曲时，要注意舞曲的节奏、速度和众人熟悉的程度，以及乐曲的演奏次序；舞曲长短要适宜，且要适合主宾的年龄。

礼仪提醒

举办舞会时，要做好准备工作。一定要在舞池边准备一些休息用的椅子，整齐排列，必要时还可准备些茶水、饮料及食品，以便客人休息时用。

2. 参加舞会要注重仪容仪表

参加舞会前应沐浴，梳理适当的发型。男士要剃须，女士在穿短袖或无袖装时须剃去腋毛。需要强调的有以下两点。

◇ 化妆要求

参加舞会前，根据个人的情况，进行适度的化妆。

- 男士化妆的重点是美发、护肤、祛味。
- 女士化妆的重点是美容和美发。舞会妆允许相对浓一些。

◇ 服装要求

在正常情况下，舞会的着装必须干净、整齐、美观、大方。**有条件的话，可以穿格调高雅的礼服、时装、民族服装。若举办者对此有特殊要求的话，则须认真遵循。**在舞会上，通常不允许戴帽子、墨镜，或者穿拖鞋、凉鞋、旅游鞋。在较为正式的民间舞会上，一般不允许穿外套、军装、工作服。穿的服装过露、过透、过短、过紧，动不动就有可能令自己"春光外泄"，既不庄重，也不合适。

礼仪提醒

公关人员要以良好形象参加舞会。参加舞会前必须注意个人口腔卫生，认真清除口臭，并禁食气味刺激的食物。外伤患者、传染病患者，不要参加舞会，否则不仅有可能传染别人，还会影响大家的情绪。

3. 邀请舞伴要讲究基本礼仪

在舞会上，每个人都必须严格遵守下述邀请舞伴的基本礼仪规范，否则，就会失礼，而令人笑话。

请舞伴时，最好是邀请异性。通常讲究由男士去邀请女士，而女士可以拒绝；女士也可邀请男士，但是男士不能拒绝。

在正式的舞会上，尤其是在涉外舞会上，同性之人绝对不能相邀共舞。**两位男士一同跳舞会令人有关系甚密之感；而两位女士一起跳舞，则有被男士冷落之嫌。**

按惯例，舞会上一对舞伴只宜共舞一支曲子。接下来，需要通过交换舞伴去扩大自己的交际面。舞会上的第一支舞曲，一般讲究由男士邀请与自己一同前来的女士共舞。如有必要，二人还可以在演奏舞会的结束曲时再同跳一次。

男士如有意邀请一位素不相识的女性跳舞时，必须先认真观察她是否已有男友舞伴。如有，一般不宜前去邀请，以免发生误会。当然也不是绝对不可以，但要注意，如果女士的丈夫或家长在旁，男伴邀请时，应先向她的丈夫或家长点头致意，再对女士发出邀请，待她同意后，陪她步入舞池。

邀请他人跳舞，要表现文明、大方、自然，并且注意讲究礼貌。不要勉强对方，尤其是在自己被拒绝后，不要出言不逊，或是与其他人争抢舞伴，这太失身份。

一般情况，有两种办法可行。

◇ 直接法

即自己主动上前邀请舞伴，先向被邀请者的同伴含笑致意，然后再彬彬有礼地询问被邀请者："可否有幸请您跳一支舞？"

◇ 间接法

即把握不是很大时，可以请与彼此双方相熟的人士代为引见介绍，牵线搭桥。

一般说来，以下几类对象是自选舞伴时最理智的选择。

●年龄相仿的人。年龄相仿的人，一般是较容易气质相同的人。邀气质、秉性相近的人一同共舞，往往容易产生志趣相投之感，进而能够和睦相处。

●少人邀请的人。邀请较少有人邀请的人，既是对其表示的一种重视，也不易遭到拒绝。

●未带舞伴的人。邀请未带舞伴的人共舞，成功的机会往往较大。

●希望结识的人。想结识某人的话，不妨找机会邀对方或是同伴共舞一曲，以舞为"桥"，接近对方。

礼仪提醒

邀舞时要大方有礼。男士应步履庄重地走到女士面前，立而略躬，同时轻声微笑说："想请您跳个舞，可以吗?"或者说"允许我请您跳舞吗?"邀请者的表情应自然、谦恭、有修养，最好不要叼着香烟请人跳舞，这样会影响舞会的良好气氛，也会招致女士的拒绝。

4. 婉拒对方不能违背礼仪要求

一般情况下，在舞会上被人相邀时，通常不宜拒绝对方。一定要回绝对方的话，要注意态度和措辞，以免伤害到对方的自尊心。

◇ 态度要适当

别人邀请自己跳舞，是尊重自己的表现，所以千万别令其难堪，或受到伤害。

●拒绝他人邀舞时，态度要友好、自然。口头拒绝对方时，应起身相告具体原因，同时向对方致歉，说声："实在对不起。"

●拒绝一个人的邀请之后，不要马上接受他人的邀请，尤其是不要当着前者的面，堂而皇之地这样做。否则，会被前者视为是对其所进行的一种侮辱。

◇ 托词要委婉

拒绝他人时，语言不宜生硬、粗鲁。**通常，拒绝别人，应在说明原因时，使用委婉、暗示的托词。**舞会上拒绝别人的托词有下列六种。

- "对不起，已经有人邀请了我。"
- "对不起，我实在太累了，想单独休息一会儿。"
- "对不起，我不会跳这种舞。"
- "对不起，我不喜欢跳这种舞。"
- "对不起，我不熟悉这首舞曲。"
- "对不起，我不喜欢这首舞曲。"

5. 跳舞的舞姿应当平、正、直、稳

跳舞时，要注意高雅优美。在舞池中，要潇洒、舒展、自然，尽量以自己优美的舞姿和良好的素养，给人以美好的形象。因此，跳舞时应当注意礼仪规范。

跳舞时，男女姿势、动作要相互配合，领会彼此意图。通常，男士挽在女士腰上的右手与女士搭在男士右肩上的左手，都具有提示作用。右手手心向下，以大拇指的背面接触对方身体。男士左手掌心向上轻轻托握女士右掌，两手不可贴得过近或过远；男士右手轻靠女士腰部左侧正中，不宜超过中部。双方头部不可以贴在一起，不应把头放在对方肩上，身体不应靠得太紧，跳舞中双方之间应保持 1~2 拳的间距。

共舞中双方身体应保持平、**正**、**直**、**稳**。即双肩要平；身体要正，尤其是上身不要摇晃，动作幅度不要过大；身体挺直，目光平视，神情应谦和愉悦；动作要协调舒展，给人以和谐感。

跳舞时，要兼顾前后左右，留心周围舞友的动作，以防碰撞他人，但不能左顾右盼或低头盯脚，目光应自然，一般双方目光沿对方肩上方注视，以余光注意周围，双方目光最好不要朝同一方向看。跳舞中看见了朋友应点头致意而不必口头招呼，尤其遇到异性朋友决不可边舞边扭头与之交谈或停下来与之交谈，否则会影响舞伴的情绪。

在双方共舞过程中，可以沉默不语或轻声交谈，以增进感情交流。如果一方踩了另一方的脚或舞步出错，应礼貌地向对方道歉。无论男士或女士，一般都不要在共舞中中断退场，如有特殊原因，应向舞伴致歉并说明原因。**当舞曲终止时，男士应把女士送回原位，并向女士及其亲友表示谢意。**

除交谈之外，跳舞时不要长时间紧盯着对方的双眼。万一碰到了双方身体的其他部位，应立即向对方说一声"对不起"。

舞会多以交际为主，故又称交谊舞会。在舞会上结交新朋友，通常有三种方法可行。

- 主动把自己介绍给对方。
- 请主人或其他与双方熟悉的人士代为介绍。
- 在舞会上结识新友之后，一般不宜长时间深谈。

要深交，可在此后适当的时间，主动打电话联络对方，以便进一步推进双方关系。

二、公关性文艺晚会的礼仪

1. 做好文艺晚会组织工作

晚会既是交际活动，又是艺术享受。因此，在选定节目、座位排列、演出入席与退席等方面，均需要按涉外礼仪的要求，精心组织安排。

要使一场晚会获得成功，对组织者而言，就必须认真做好准备工作，安排好晚会的各个具体环节。具体来说，要做好以下几个方面的工作。

◇ 选定节目

选定节目主要从两方面来考虑：一是从活动的目的出发；二是照顾外宾的兴趣。一般可安排客人观看具有本国民族风格的节目，如民族歌舞、地方戏曲等。**同时，对节目的内容进行预审，以免因政治内容、宗教信仰、风俗习惯等问题引起不愉快。**组织专场文艺晚会应尽可能穿插一些来宾所属国家的节目，以体现对来宾的尊重友好。

◇ 发出邀请

涉外演出，一般均发请柬。这既是礼貌，也供客人备忘用。请柬应提前两天发出。已经口头约好的，仍应补送请柬，在请柬右上方或下方注上"备忘"字样。这时，应注意国际上通用的做法和我国做法的不同。比如，国际上习惯对夫妇两人发一张请柬；而在我国，如遇凭请柬入场的场合，每人均发一张。如果在发请柬之前已经排好座次，应在信封下角注上座次号。

◇ 座位安排

在专场演出时，要安排好主宾和陪同人员的座次。一般应将最佳的座位留给外宾。剧院中以第七、八排座位观看效果最好，可作为贵宾席。看电影以第 15 排前后为宜。**入场时，主宾在陪同人员的陪同下按礼宾次序就座。其中要穿插安排好翻译的座位，以便主人和主宾能及时交谈节目的内容。**其他客人可按预先排定的座位就座，或在贵宾区自由入座。

◇ 印制节目单

为了方便外宾理解节目的内容，各种文艺演出都应准备精美雅致的节目单。将节目顺序和故事梗概简明扼要地介绍清楚，并用主客双方的文字印刷，在演出前发给来宾。

2. 观看文艺晚会要有礼节

对于一场晚会而言，观众的表现会对晚会成功与否产生重要影响。因此，作为一名文明的观众，就应注意以下事项。

◇ 讲究着装

观看文艺晚会，服饰要求比较严格。在西方，出席正式晚会，不穿礼服者不得入场。这是对演员的尊重，也是自尊的表现。我国对服饰的要求没有像西方那样高，但穿戴必须干净整齐、庄重得体。夏天不能穿背心、短裤、拖鞋；冬天进剧院，男士必须在入场前脱下大衣，女士则可以在就座时脱下大衣。

◇ 准时入场

出席晚会，最好提前10分钟进场，以便有充分的时间存放衣帽，购买节目单。进场时，不要拥挤，遇到老人、妇女、儿童，应礼让先行。进场后，对号入座。在放下座椅或起立时，应用手扶稳，不要让座椅发出响声；坐定后，应自觉摘下帽子。预备铃声响过以后，当主人陪同宾客入场时，观众应有礼貌地起立鼓掌，表示欢迎。开演铃声响过之后，迟到者不得进场。应在前厅等候，等到演完一幕或奏完一曲后，甚至等到剧间休息时才能进场。

◇ 保持肃静

观看演出时，对演员表示尊敬的最好方法就是保持肃静。不要交头接耳、窃窃私语，更不能大声谈笑、打哈欠；咳嗽也应该尽量避免。即席翻译要小声，最好简略译几句，不要滔滔不绝地讲解。**在观看戏剧、电影、舞蹈等文艺节目时，最好让客人事先了解故事梗概，以便自己欣赏**。剧场内禁止吸烟、吃零食。至于吹口哨、喝倒彩、乱跺脚、敲打座椅和高声呐喊等粗野行为，只能表现自己浅薄无知，应严厉禁止。

◇ 适时鼓掌

演出中，对精彩的节目鼓掌赞美，是人之常情，但从中可以看出一个人的素质和教养。一般来说，为演员的精彩表演鼓掌应在以下情况下进行：乐队指挥登上指挥台时；演奏完一首曲子或表演完一幕话剧之后；芭蕾舞在演出独舞或双人舞表演之后；对某个节目特别欣赏，要求"再来一个"时；演出结束，演员谢幕时。**鼓掌时，应该面带微笑，手掌位于齐胸的高度，右掌轻拍左掌，节奏均匀平稳，频率适中**。在特殊情况下，为了对特别精彩的演出表示由衷的赞美，可以将双掌举过头顶，以热烈掌声为之喝彩，但是掌声不宜过长。

◇ 文明退场

演出结束，主人和客人一道起立鼓掌或献花和花篮向演员表示感谢，观众也应全体起立，鼓掌表示祝贺。此时，观众不应离去，要保证有足够的出场率。等到演员谢幕完毕，全场鼓掌欢送贵宾离场后，观众方可退场。

三、 组织联欢会的礼仪

联欢会是一个宽泛的概念，它包括各种组织举办的节日联欢会（如新年联欢会、春节联欢会）、各种文艺晚会（如歌舞晚会、电影晚会、戏曲晚会、相声晚会）、游艺晚会等。

联欢会大体上可分为两种类型：一是综艺娱乐性联欢会；二是专题性联欢会。通常，联欢会多指综艺娱乐性的联欢会。

举办联欢会已成为各类企业、组织公关性工作的一项专门业务。联欢会对于提高组织的凝聚力、向心力，活跃员工的文化生活，加强与外部公众的联系与沟通，提高组织形象等都起着积极的作用。

中央电视台的春节联欢晚会收视率极高，观众达几亿人，海内外影响颇大，已成为中国人春节除夕夜不可缺少的精神食粮。

联欢会重在娱乐，但不可忽视礼仪，否则可能收不到预期效果。

1. 联欢会的前期准备十分重要

联欢会的前期准备主要包括以下工作。

◇ 确定形式、主题

联欢会的形式不拘一格，采用何种形式对联欢会的成功与否意义重大。在确定形式的同时还要确定主题，明确指导思想、预期目标等。

◇ 确定时间、场地

联欢会的时间一般应选择在晚上，有时也可根据情况选择白天。联欢会的时间一般在两小时左右为宜。**联欢会的场地选择非常重要，最好选择**

宽敞、明亮，有舞台、灯光、音响的场地。

◇ 选定节目和主持人

选定节目一定要考虑主题，尤其是开场和结尾的节目一定要精彩、有吸引力。节目应多种多样，多种形式穿插安排，不可头重尾轻，更不可千篇一律。主持人是联欢会的关键人物，联欢会应选择仪表端庄，表达能力强，有一定的组织能力、应变能力，熟悉业务的人担当主持人。

◇ 彩排

正式的联欢会一定要事先进行彩排。这样有助于组织管理，堵塞漏洞，控制时间，增强演职人员的自信心等。

◇ 及时发出通知和邀请

一定要向参加联欢会者尤其是重要人士提前、及时发出通知和邀请，以免不能到场。

礼仪提醒

联欢会场地的布置应给人以温馨、和谐、喜庆、热烈之感。一场联欢会的主持人最好不少于两人（通常为一男一女），但不可过多，以免给人以零乱无序之感。非正式的联欢会也要逐一落实具体事宜，以便一旦出现意外，也有应急措施补救。

2. 主持人是联欢会的中心

主持人是联欢会的中心，其仪表、着装、举止言行等都对整个联欢会有着直接的影响，其作用举足轻重。主持人的礼仪、素养如何，直接关系到联欢会的成败。

◇ 主持人应具备的基本条件

主持人应具备的基本条件为：

● 良好的政治素养和职业道德；

- 具备一定的组织能力、语言表达能力和现场应变能力；
- 精通业务知识，具有广泛的知识面；
- 具有一定的幽默感，善于同各种公众打交道，并在短时间内缩小与观众的心理距离；
- 重仪表、懂礼仪。

◇ 主持人的气质和人格魅力

主持人是联欢会中最引人注目的人物，主持人的气质、风度以及人格魅力对联欢会的成败起决定性作用。主持人的气质、风度来自于主持人端庄的仪表、得体的服饰、平静的心态和坚定的自信心。**主持人并不一定非要俊男靓女，若没有气质和风度，即使漂亮也是缺乏吸引力的。**作为主持人，一定要服饰整洁，发型美观，化妆要淡雅，着装不可太露，也不可猎奇。主持人不是时装模特，更不是参加选美比赛，因而主持人的着装应切合联欢会的主题，给人以庄重、文雅、和谐之感。主持人的人格魅力体现在对观众的尊重与爱心上，体现在他的主持风格、思想观念、人生态度上，体现在他的举止言行之中，也体现在他对事业的执著追求和强烈的责任感上。

◇ 主持人的语言表达技巧

作为主持人，首先要说普通话，口齿清晰、发音准确、语速适当、语句动听，这是主持人成功的条件和努力方向；其次要词汇丰富、用词准确、语句通顺、逻辑性强，这是主持人的基本功；再次要有渊博的知识，上至天文、下至地理、中及人事，引经据典、左右逢源，用通俗的话语将各种中外典故、轶闻趣事有机地串联起来，让人心悦诚服，受益匪浅。

◇ 感情投入，富有激情

"热爱是最好的老师"，主持人必须全身心地投入到联欢会的情境之中，犹如"导演"，将观众的情绪和热情激发出来。主持人的激情是观众的兴奋剂。主持人要有调动、控制观众的情绪，控制现场的气氛和节奏的能力。**主持人在运用口头语言的同时，还可适当运用一些动作语言，但动作不可太多，幅度不宜过大。**主持人还可以与观众通过目光交流达到心灵的沟通，增加彼此的理解和信任。

◇ 主持人的协调与合作能力

主持人不可自恃清高，应当有全局观念，与各方面竭诚合作，协调矛盾和化解冲突。俗话说"众人拾柴火焰高"，联欢会是一项集体活动，只有大家的共同努力，才能确保联欢会圆满成功。

> 礼仪提醒
>
> 作为主持人，必须事先对联欢会的目的、指导思想、预期效果和主题等做深入细致的研究，并查阅大量的研究资料，了解相关知识。只有这样，才能在主持过程中随机应变。同时，作为主持人应预先多做一些预案，对各种可能出现的情况多加思考并制定应对措施。

3. 妥善安排联欢会的礼仪要点

◇ 专场演出的组织工作

①选定节目。首先要选好演出的形式，是戏剧、舞蹈、音乐，或是曲艺、杂技、体育表演，还是综合性演出。

②演出的节目确定后，要正式向来宾发出邀请。

③为保证外宾欣赏好节目，要为外宾安排好观看演出的座位。

④专场演出可安排普通观众先入座。

◇ 演出前的礼仪要求

作为观众，出席文艺晚会要遵守下列礼仪要求。

①注意仪容和服饰。

②提前入场，对号入座。

◇ 观看演出的礼仪要求

①遵守秩序。为保证演出顺利、成功，每个观众都要遵守公共秩序。

②尊重演员。每个节目演出结束或一幕终了时应热烈鼓掌，对节目表

示肯定，向演员表示支持和感谢。

◇ 一般联欢会安排要点

①安排座次。联欢会的座次一般根据观众的身份事先作出安排。一般应将领导、主要来宾安排在重要位置，其他观众最好穿插安排座位，以便于交流和沟通。

②适时鼓掌。当主要领导、嘉宾入场或退场时，全场应有礼貌地鼓掌。演出至精彩处可即兴鼓掌，但时间不宜太长，演出结束时可鼓掌以示感谢。

③献花。联欢会上对表演精彩者或主要客人可献花；演出结束时，可向演员献上花篮或花束。

④正式的联欢会应印制节目单和观众须知，为观众提供方便。

礼仪提醒

观众参加联欢会一定要准时，对号入座；不得随意走动；不得大声讲话、哄笑；不得提前离开，即使有急事，也要等正在进行的节目演完后的间隙离开；场内严禁吸烟、随意吃东西；观众应自觉维护会场的秩序，保持安静，保证联欢会顺利进行。

第 十 章

处理危机事件的公关礼仪

危机事件，是指突然发生，造成或可能造成重大人员伤亡、重大财产损失、重大生态环境破坏和严重社会危害，危及公共安全的紧急事件，是需要采取应急处置措施予以应对的自然灾害、事故灾难、公共卫生事件和社会安全事件。危机公关是社会组织面对危机状态的公共关系处理过程。其中所采取的一系列具有预防、扭转、挽救作用的策略和措施，目的是减少危机事件的不良影响，最大限度减少可能的损失。做好危机公关，需要遵循一定的原则和礼仪规范。如此才能减轻公众的紧张和恐惧心理，从而使危机公关在处理危机事件中发挥积极的作用。

一、危机事件突发迫切需要危机公关

进入 21 世纪,危机事件伴随着社会经济的加速发展而呈高发态势。中国正处在改革不断深化、社会加速转型的重要历史时期,各类公共危机事件频发。如何有效应对是对社会管理者的现实挑战。实践证明,危机事件发生后,依据其基本原则和礼仪规范进行危机公关,是预防和减少危机事件造成的损失,稳定人心,尽快和更妥善地处理公共危机事件所必需的有效对策。

1. 危机公关在处理危机事件的重要作用

我们生活在一个危机四伏的世界,从国际到国内,危机无处不在,公共危机事件频频发生,各类危机此起彼伏。如何有效防范、及时处置公共危机,是各级政府不可回避的重大课题,也是各级领导干部面对的严峻考题。在新形势下,加强和提升政府的公共危机管理能力,对于维护民生,构建和谐社会,打造人民满意的政府具有重大意义。

危机虽不可能完全避免,但通过有效的管理和及时的应对就可以减少危机事件的危害和可能带来的严重损失。**危机公关就是一种化危为机、有效应对的措施。**

所谓危机公关,是指在公共危机事件发生后,根据公关的基本原则和礼仪规范,运用适当的策略、措施与方法,主动改变因突发危机事件而造成不利局面的过程。危机公关,由于属于紧急状态下非常态的信息传递行为,因此,必须依据可以正确引导社会舆情,减轻大众恐慌心理,稳定社会局面的原则、标准和礼仪规范,从而使危机公关真正起到及快处理危机的重要作用。

根据近年来处理危机的实践经验总结,及时、有效的危机公关,可以在危机事件处理过程中发挥以下的重要作用。

◇ 有效获取公众的信任，为解决危机创造有利的舆论氛围

在当今的信息化时代，任何突发的公共危机事件，都会在发生之后迅速被传播扩散。而其中由于种种原因，很容易在信息传递流转中渗入大量失真甚至是故意扭曲的不良信息。危机事件的当事一方若不及时进行公关，进行双向互动的信息沟通，社会将信息主导权和控制权轻易交给了他人，就会使危机进一步失控升级，从而导致更严重的后果。危机公关，就是在缓解事态发展的第一时间，满足公众期盼真相释疑的心理需要，利用双向互动的信息传播与沟通，遵循真诚、公正、公开的公关礼仪要求，赢得公众的理解与支持，平衡事态，促成危机的缓解、转化和妥善解决。

◇ 注重协调公共关系，在维护公众利益中塑造担当负责的好形象

公共危机事件发生后，当事方最大的顾虑是担心自身形象受损，而社会公共最大的顾虑则是担心自身利益受损。由于信息的不对称，加上一些危机责任单位或组织，有意封锁消息，故意隐瞒事实，从而导致谣言四起，人心恐慌，甚至造成社会冲突和动乱。在这方面，各地都发生过多起惨痛的教训。危机公关首先是站在社会公共利益的立场上，以认真负责实事求是的积极态度，向大众说事实真相，拿出合理解决危机结果的实际行动，在自身利益和公众利益发生冲突时首先维护公众利益，关通过坦诚负责的举措改变公众的态度，尽管这意味着危机当事方会作出重大的牺牲，但事实表明，这种代价可以换来自身的良好口碑，可以塑造自身的公信形象，可以获得实现长远发展的公众信任与声誉。

礼仪提醒

总之，危机并不可怕，可怕和是对危机处理过程中的危机公关的无知。当前，在危机公关中，熟悉掌握相关的理论知识、基本原则和礼仪要求，对于强化危机处理能力，有效应对公共危机显得尤为迫切和需要。

2. 危机公关中应遵循的原则

危机公关，是针对危机事件发生后而开展的一系列旨在减少损害程度、挽回影响、恢复形象的行为过程。当危机事件发生后，公关人员通过进行一系列的公共关系协调活动，如公布事实真相、公布处理措施等，来达到稳定民心、消除不良影响，恢复公共信誉的目的。在进行危机处理实施危机公关策略时，绝不能肆意妄为、匆忙决定，而必须按照以下的处理原则妥善为之。

◇ 及时性原则：在第一时间快速反应

突发危机，会很快传播到社会上去，引起社会公众和新闻媒体的高度关注，也很容易让不明真相的社会人群产生恐慌。因此，在第一时间做出迅速反应，让公众在第一时间了解真实情况，是对危机公关及时性的原则要求，也是防止危机事件升级恶变的首要原则。

◇ 公开性原则：保证公众的知情权

危机爆发通常会引来各种猜测与怀疑，在信息不对等的情况下更容易造成流言四起。危机公关的首要责任，是以负责的态度引导公众的舆情走向正确，是迅速及时地告诉公众事实真相。公开性是危机公关中必须遵循的基本原则。**越是隐瞒事实就越会引发更多的流言，越是掩盖真相就越容易引起更大的怀疑。**

◇ 统一性原则：保证信息沟通的一致

危机公关中最忌讳的就是所传递的信息的不一致，从而误导公众和破坏危机处理人员在危机中所建立起来的信任。如果当事方不能保证信息的一致性，那么危机公关将无从谈起。

在危机来临的时候，危机公关人员必须遵守统一的原则。即信息发布的口径要统一，避免出现多种不同声音，造成外界更大的猜疑和混乱。所采取的行动、目标及反应协调活动都要统一，甚至包括人力、物力、财力和各机构部门都应统一领导，统一行动，以组织的全部力量尽快平息危机给组织带来的不良影响。

特别是在与内部沟通时，更要强调统一指挥、有条不紊，要做到及时、顺畅、有效，要起到稳定人心、增强信心的作用，从而充分发挥团队的作用。

◇ 真诚性原则：坦率地实言相告

危机一旦爆发，通常情况下，都会引起相关媒体的关注与报道，有时新闻媒体甚至会有扩大事实的报道。此时作为事件的当事人，要想取得公众和新闻媒介的信任，必须采取真诚、坦率的态度，实言相告的原则。

始终保持坦诚的态度，面对危机不逃避，敢于承担责任，就容易取得受众的信任和谅解。危机公关的首要目的也就在于此，**保持坦诚是保证危机公关得以有效实施的基本条件。**

◇ 担当性原则：敢于负责勇担责任

公众的利益高于一切，应该是危机公关的一条重要原则。危机当事方应该具有强烈的社会责任感，无论危机的后果有多么严重，都应该勇于承担责任，做到不推诿、不埋怨，不为自己寻找客观理由，只有这样才能赢得社会和公众的谅解与好感。

延伸阅读：

与受害者沟通协调的注意事项

首先，公众在危机事件受害后，所关心的都是与其切身利益直接相关的东西，特别是经济方面的利益。所以，企业和组织应该尽量满足公众的这些"低层次"的要求，实现其物质补偿，这样做有利于避免危机无形损失的进一步扩大。

其次，要委派固定的公关人员去处理危机事件。具体人数可多可少，这些人应具备的主要条件是：一要了解有关赔偿损失的文件规定与处理原则，二要善于沟通。在处理危机事件的整个过程中，企业和组织要尽量保持工作人员的相对稳定性。不要无故换人，以免引起受害者的疑虑与不安。

---

3. 做好危机公关的基本要求

做好危机公关工作，需要公关人员根据危机发生的实际情况和基本要求，确定相应的公关策略和处理方法，努力将危机事件所造成的不良影响控制在最小的范围内。

◇ 保持头脑清醒，了解危机全貌

危机总是有某些事实引起的，了解事情全貌是解决危机事件的关键所在。当危机发生时，公关人员在进行危机公关时，一定要保持清醒的头脑，临危不乱，并且迅速查明危机事件的基本情况。包括危机的种类，发生的时间、地点，以及引起危机的原因；还要查明危机造成的后果及影响，如有无人员伤亡、具体伤亡人数是多少、受损害的程度和范围怎样、公共设施受损害的程度和范围、其他受破坏的程度和范围，以及对所在社区造成的影响如何；分析危机的现状，如是否还在继续发展、原因是什么，怎样才能使事件的发展得到有效控制，事件发展的前景如何等方面。

由于危机事件大多数是突发的，难于预测。所以，当危机事件发生后，如果不能保持镇定的话，很有可能会由于缺乏思想准备而措手不及。加上危机事件的舆论影响大，时间又比较紧急，处理起来是比较棘手的。这时，**公关人员身处危机事件第一线，一定要处变不惊，保持镇定、清醒的头脑，尽快了解危机事件的全部经过，判明有关情况。**

◇ 及时公布真相，引导舆情走向

危机事件发生后，各种传闻难免会不胫而走，公众也会进行各种猜测，舆论必然一片哗然。这时，最好能够主动向新闻媒体提供真实、准确的信息，公开向社会公众表明自己的立场和态度，引导新闻媒体撰写正确、客观的新闻报道。这样，各种不符合事实真相的传闻才会不攻自破。有关这一问题将在后文做详细介绍。

◇ 既谨慎又果断，采取应急措施

由于危机事件往往涉及各方面的关系，客观上又会给当事方组织造成很大的负面影响。因此，在处理危机事件时，一定要从全盘考虑，谨慎从事，切忌鲁莽行事。**如果危机处理得当，不但可以化解危机，而且可以化不利因素为有利因素。**把坏事变为好事，因祸得福；反之，处理不当，就会使自身形象更加恶化，甚至威胁到自身的生存与发展。

一是要澄清事实，消除误解。如果危机是由于外界的误解或人为破坏造成的声誉危机，则要立即查清原因，通过新闻媒体澄清事实、反驳谣言，以消除误解。

二是要对危机事件造成的人员伤亡，成立专门的事故善后处理机构，积极妥善地处理好善后工作，尤其要做好医疗和抚恤工作。

礼仪提醒

危机发生后，反应最强烈的一般是受害者及新闻媒体。处理危机事件时，组织除了需要给予受害者必要的经济物质补偿外，还需要注意自己在待人接物、谈吐举止方面的语言措辞、语气态度等细节问题。危机公关过程中，千万不要忽视这一点。

二、危机事件处理中需要良好的信息沟通

危机事件发生后，作为公关人员，需要准确及时公布危机事件的真相，正确引导舆论走向，有利于消除危机事件的不良影响，在危机事件来临时，公关人员要敢于站上风口浪尖，敢于出声，敢于借助新闻媒体等桥梁与公众进行情感沟通。良好的信息沟通是危机事件的灭火器。

1. 危机事件处理中信息沟通需要通畅及时

在危机事件处理中，信息沟通是最重要的工具之一。信息沟通在应对危机事件处理中的作用十分突出。主要表现在以下几个方面。

其一，良好的信息沟通，可以加强反危机的协调工作。恰当的信息沟

通有益于增强公众对发生危机事件的组织的信任，而这种信任对于消除危机事件至关重要。发生危机事件的组织要加强外部信息沟通，例如与利害关系者的沟通。与利害关系者的沟通有利于获得他们的支持与合作，**沟通不畅会使危机事件危害扩大，并加大危机事件后恢复工作的难度**。

其二，良好的信息沟通，可以防止信息误传和谣言传播。危机事件发生后，各方面的报道可能铺天盖地。人们迫切希望了解危机事件的真实信息：到底发生了什么，为什么会发生。但即便是善意的人，也可能做出不准确的理解或者夸大事实。因此，发生危机事件的组织首先要反复检查基本事实的准确性，一旦得到新的信息和新情况，还应及时修正信息。其次，建立"唯一的信息源"，保证所有信息都来自于这唯一的渠道，并规定谁来负责解答公开提问的信息。这有助于组织不断进行自我检查，区分事实与谣言、实际与猜测。

其三，有助于增强公众对发生危机的组织的信任。危机事件往往事发突然，公众对危机事件茫然无知，出于对自身利益或对自己生命财产安全的担忧，本能地对有关信息会产生一种天然的渴求。他们急于知道危机事件发生的前因后果、现状如何、有关部门采取了什么措施以及自己应该如何行为，等等。危机事件会导致恐慌情绪蔓延，公众对信息的需求超过以往任何时候，也是生理需要。这时，**公关人员如迅速、及时告诉公众发生了什么事情以及政府采取了什么措施，满足了公众的"信息饥渴"，就会赢得公众的信赖**。否则，如果公关人员保持沉默、封锁消息或遮遮掩掩，就会失去公众的信任。

其四，有助于遏制谣言，安定人心。危机事件一旦爆发，公众往往表现出茫然不安或恐慌，而流言、小道消息的传播往往会令公众的这种恐慌不安加重。他们迫切需要听到权威的声音。政府此时发出信息是稳定人心，提高其承受力的最有效的途径。如公关人员及时主动地发布有关信息，让公众对危机事件进行比较全面的了解，就能减弱公众的恐慌和恐惧情绪，否则，任由流言、谣言横行，就会增加社会的不安情绪，甚至引发公众的过激行为。西方有一谚语，"恐惧的心理比恐惧的到来更可怕"说的就是这个道理。一次又一次的事实反复证明，发生危机事件的组织唯有及时发布有关事实真相的消息才能化解危机事件的风险，否则会事与愿违，引发社会恐慌，并极大地损害政府公信力。

其五，有助于危机的缓解或化解。及时准确的信息沟通，不仅能控制谣言，减少恐慌，增加对政府的信任，并且还有助于危机本身的化解和防范。公众既是危机事件的受害者，同时又是应对危机的主体。因此，发生危机的组织能否将自己所掌握的、涉及民众生命安全与健康的信息，及时充分地告知民众，对于稳定民心、动员民众力量，具有重大意义。但如果发生危机事件的组织封锁消息、装聋作哑或反应迟缓，便会造成公众更大困惑、怨声载道，这样不仅不利于化解危机事件，常常还使事态更加严重，或引发其他危机。

礼仪提醒

危机事件发生后，人们最迫切的需求是了解事件真相和事态发展。在当前传播格局深刻变化、获取信息渠道日益多样的情况下，要通过社会舆论稳定民心，就必须完善新闻发布制度，及时发布信息，赢得公众理解。

2. 危机事件处理过程中信息沟通的策略

面对危机事件，发生危机事件的组织中的公关人员应当主动向公众表明自己是公开的、诚实的，要勇于承担责任，不要推卸责任，扩大矛盾。同时，公关人员还要讲求处理危机事件的方法，运用正确的信息沟通策略与公众互动。

◇ 时间第一，争取舆论主动权

要迅速争取最快、最新信息的发布。为控制危机事件事态、稳定社会秩序、避免社会恐慌，政府首先必须快速应急，对危机事件有目的地选择信息源和信息传播渠道，有效地控制新闻传播的导向性，防止媒体为抢独家头条新闻或提高刊物的知名度，发表刺激危机事件局势的新闻消息，激化危机事件事态。

◇ 言行一致，确立信息沟通的可信度

对于危机事件信息的发布，**公关人员必须发挥媒体的信息传输和舆论导向功能，稳定民众心理，引导公众选择正确的行为，正确对待各种危机事件**。在疏通主渠道的同时，还要防止媒体传导不正确、不全面的消息，误导社会民众，或加剧公众的社会恐惧心理，为危机事件的顺利解决设置障碍。要特别注意防止各类谣言和小道消息的蔓延，控制其传播的范围和渠道，消除其破坏性作用。

◇ 利用广播、电视、网络及报纸等大众媒体

广播、电视、网络、报纸等大众媒体是与民众之间进行沟通的媒介和桥梁。在危机事件的应对中，这些大众媒体就可以发挥覆盖面广、传播速度快、传播效果好的优势，及时为公众提供各种正确、权威、全面的信息，在满足公众对信息需求的同时动员社会力量配合政府和发生危机事件的组织解决好危机事件。在如今这样一个网络化的时代，更应充分利用网络资源这条便利、快捷的渠道来提高与公众之间信息沟通的有效性。同时也要考虑到，由于互联网的开放性，要避免一些不法分子利用互联网散布谣言，影响信息公开的权威性、可靠性，所以公关人员应该通过官方网站向社会及时、准确地传递各种信息。

礼仪提醒

媒体作为一种重要的社会力量，在危机管理中发挥着不可替代的作用。媒体是危机减少冲击波或扩大冲击波的控制闸。如果发生危机事件的组织能够利用好媒体的力量，将能够有效地控制危机、加速危机的解决。

3. 在危机事件处理中做好新闻发布的方式

危机事件的特殊性质决定了其新闻发布与日常性的新闻发布有着很大的区别。危机事件涉及时间长，范围也广，因此新闻发布需常设一个新闻

中心来处理相关工作。同时，**危机事件的新闻发布还要讲求方式方法，以有效引导舆论，防止不实言论产生**。做好危机事件新闻发布工作的具体做法主要有以下几个方面。

◇ 在事发地附近设立临时新闻中心

临时设立的新闻中心可兼做信息发布场地。它既不能离事发现场太远，也不能太近而影响救援工作，还须兼顾媒体人员的工作方便和安全。这么做的目的就是把记者"拢"在主管部门身边，使消息发布客观而有序。

◇ 确定现场采访的新闻媒体和记者名单、联系方法

这是危机事件新闻处置中的一项"基础性"工作。危机事件发生后，中外记者往往蜂拥而至，这就需要对记者进行分类。人民日报、新华社、中央电视台等中央新闻媒体的记者除了自己的报道任务外还担负着公共职责，给其他媒体提供照片、画面，还有写内参的任务，所以对这些媒体记者应给予一些特殊"照顾"，譬如适时安排到现场采访等。

◇ 确定新闻发布方案

新闻发布方案中要包括发布形式、发布时间、发布内容，准备应答记者可能提问的口径。危机事件爆发后，事件处置的主管部门要立即制订新闻发布的方案。新闻发布的形式要多样化，可以通过举行新闻发布会、答复电话问询、书面问答、发布声明、散发书面新闻稿等方式进行。**特别是在处理一些敏感个案时，要特别注意方式方法，甚至包括发稿方式**。但不管采用哪种形式，都要经过精心策划和认真准备。发布的时间，在事实弄清楚的情况下，当然是越早越好、越快越好，也就是第一时间。发布内容，讲什么，讲多少，这也需要策划。我们强调信息透明并不是要求有多少马上就说多少，信息发布要依据四个"有利于"的原则，着力为事件的处置营造有利的舆论环境。

◇ 准备可供媒体报道事件参考和引用的相关资料

这是公关人员的职责，也是在为记者服务，为了让记者的报道更准确、更全面、更及时。特别是发生重大危机事件，记者纷纷云集事发现场

时，事件处置主管部门应力争做到在第一时间进行新闻发布，向到事件现场采访的记者通报已掌握的有关情况和可供媒体报道事件选用的相关背景资料，争取媒体采用这些官方所提供的信息和资料报道事件。必要时，可向媒体记者提供经过字斟句酌的新闻稿。

◇ 组织媒体记者进行现场采访

控制事发现场，并非一概排斥记者采访。可以在不影响救援、不危及记者安全、不破坏现场和不会因为记者进行现场采访而影响事件处置的情况下，尽可能安排记者进行实地采访。记者的亲眼所见，会使其报道更具有感染力、说服力。

◇ 跟踪新闻媒体对事件的报道

很多危机事件的报道不是一蹴而就的，危机事件的处置也有个过程，有关事件的舆论也会一波接一波，所以要有专人密切跟踪舆情，及时发现动向，随时调整工作方案，以始终保证舆论导向的正确。事件处理结束后，还要评估对此次危机事件处置的新闻工作和新闻媒体的报道情况，目的是总结经验，肯定成绩，查找问题，吸取教训，以便把今后的危机事件新闻发布工作做得更好、更专业。

礼仪提醒　　　争取媒体的支持是危机事件处理中的一条黄金规则。特别是在有人员伤亡的危机事件中，争取媒体支持至少可以赢得媒体的中立立场进而获得同情的态度。媒体在危机事件中影响是巨大的，当所有的媒体对应对危机机构产生信赖，这种"巨大的影响"就变成了危机处理中最有力的武器。

4. 危机事件中新闻发布要讲求准确、及时

危机事件新闻发布最讲求准确、及时，准确、及时的报道是新闻报道的生命，也是争取舆论先导的客观要求。一个准确、及时、能很好回答受

众关注热点的报道发挥的作用是非常重要的。一方面可以让公众更为理智客观地看待问题；另一方面能平息萌芽中的受众非理性的舆论压力，保证政府一开始就占据舆论先机。在灾难性的危机事件中，公关人员应主动在第一时间准确地发布信息、公布事件真相，是正确引导舆论的关键一步。

◇ 要尽快搜集真相，掌握危机来源

危机事件发生时，公关人员必须立刻搜寻事实资料，在最短时间内掌握危机的状况与原因。在了解、掌握事件真相的基础上，处置小组迅速撰写新闻通稿，以便主动出击，防止危机继续扩大。**只有把事情的来龙去脉搞清楚，才有发言权**。除此以外，公关人员还必须把握危机事件发生后的几小时或几天受害者伤害情况，环境的波及面、恶意指控或外界的连带反应，以及政治、经济、社会等各层面因危机而产生的连带影响，为正确公布真相作准备。

◇ 要尽快澄清不实报道，防止负面炒作

为防止危机事件扩大，政府要尽快澄清谣言及负面报道，以防止二次伤害，并及时将危机事件的善后方式告诉新闻界，取得媒体信任。另外，**公关人员要快速回应谣言、指控与混淆视听的言论，勿打游击战式的传播**。沉默等于默认，对于此时已经被媒体及负面声浪挑起情绪的民意气候而言，沉默的反应只会被诠释成默认。适当地厘清真相是非常重要的。

◇ 要不断与相关单位沟通，滚动发布事件消息

在危机事件发生之后的 24 小时内，媒体的实时监控更容易造成信息泄露，尤其在互联网空前发达的今天，所有信息都有可能在最短的时间内到达任何一个角落。因此，有关危机事件的第一篇报道出炉后 24 小时内，会爆出无数的带有臆想色彩的信息。如果这时公关人员比媒体晚一步了解更多的信息或者事实真相，那么媒体危机公关将非常吃力。但不管你是否了解得比媒体多，你所能做的就是提供你所了解的全部事实，并且必须强调你所确认的事实和观点。

5. 公关人员要掌握与媒体沟通的技巧

危机事件的处理，公关人员要有效地与媒体沟通，发布自己掌握的最

新信息，表明发生危机事件的组织的态度，除了要注意以上所说的一些原则、方法外，还需要注意一些与媒体沟通的技巧。只有很好地运用这些技巧，才能更好地处理好与媒体的关系，从而获得媒体的理解与支持。

◇ 正确地引导记者

无论是抱有表扬性还是批评性报道目的的记者，都需要对他们进行引导。这种引导不是任意夸大有利于组织的事实或者改变不利于组织的事实。扩大的事实或歪曲的事实都可能导致报道失误，其责任仍会由提供情况的组织负责。

◇ 为记者提供所有可以从其他地方收集到的信息

如果媒体有可能通过其他途径得到信息，那么这些信息最好由组织来自己提供。这样做有利于恰当地说明情况，传达核心信息，树立发生危机事件的组织坦白诚实的形象。

◇ 在接受采访时，短时间内阐明立场

如果不是现场报道，媒体一般把被采访人对问题的回答预先编辑成三个小段。这样被采访人更有可能在短时间内完整陈述观点。这些简练的陈述与采访人预先准备的回答融为一体，很难区分。

◇ 重视媒体的最后期限

危机事件中，新闻信息每时每刻都发生着变化，报纸和电台都无法超越时间对新闻的限制。若知道发稿的最后期限快到了，要及时给记者回电话，不要耽误时间。

礼仪提醒　在适当的时候，应安排媒体与有关领导的会见与采访，可以给其留下良好的印象。特别值得注意的是，不要用不正之风拉关系，不要对记者、编辑作特别的硬性规定，否则，会影响到自身的声誉。

◇ 与记者、编辑建立良好的业务关系和人际关系

公关人员在危机应对过程中要做到能及时全面地传播人们希望传播的

信息，建立与记者、编辑之间良好的工作关系和人际关系必不可少。应当经常安排非正式的会议等沟通渠道与媒体建立和谐的关系，并向媒体提供一些相关背景资料，不要等到危机事件出现后才去会见媒体。

6. 接受采访时应答记者提问的原则

如果公关人员在与媒体接触中，尤其是在应答媒体记者的提问中，务必要掌握其总体原则。从其实践经验的总结来看，以下几项原则是公关人员在应答中应当明确遵守并执行的。

◇ 客观思考，把握全局

应对危机事件，公关人员一定要有全局意识，包括政治意识、政策意识、战略意识，这是应答媒体提问时最基本的原则性要求。**一个对危机来源、发展态势、解决方案不熟悉的公关人员，是不能够应对媒体采访的。**尽管有些媒体记者常会提些刁钻难缠、五花八门，有时又是故设陷阱的问题，但作为公关人员，只要全面掌握当前的形势，了解危机进展，在应答中充分运用政策的力量，始终保持明确的大局观，就不会出现回答时的偏差和谬误。

◇ 坦率真诚，自然大方

公关人员在应对媒体采访过程中，既承担信息传递的职能，也承担着传播形象的职能，在应对媒体提问中所显示出的自然大方的态度和真诚坦率的情感，不但可以得到记者的积极回应，而且对所代表的组织的形象，也有良好的塑造作用。公关人员情感的坦率性与冷热度是一种潜信息，显示出组织对待危机的态度。公关人员若能在新闻发布会上熟练运用坦率自然的原则，就会使其代表的组织更富有人情味。

坦率通常表现为公关人员实事求是地应答问题。新闻发布会的主要目的是通过新闻媒体进行对外宣传，塑造良好形象，或者为澄清是非，直言相告。公关人员在应答提问中的表述坦率、自然、真诚，容易赢得信任和认同。如今，"无可奉告"已经成为回答采访中的大忌。对于不能应答的问题，最好这样坦率地相告："对不起，你的问题我不能给你准确答复，我会记录下来，了解情况后再告诉你。"

◇ 语言准确，避免歧义

在应对危机新闻发布会上，公关人员是代表发生危机事件的组织向媒体和社会公众发布信息，所以，应答提问时必须准确到位，以免出现误解或歧义。准确的原则有这样几方面含义：一是语言的控制要与客观事实或要表达的意思高度吻合，二是对问题方向的把握要准确，对关键细节的把握要准确。三是排除主观臆断、以偏概全，慎用有歧义的词汇。**尤其是面对一些比较敏感，应答起来难度很大的提问，公关人员在关键细节的应答上，更应显得特别谨慎，措辞十分小心，力求准确无误，同时尽量用精练的语言进行表述**。为达到用语的准确性，在应答问题的过程中，可以适当引用可靠的数据。数据本身体现的是事实，但在恰当的时候对数据的灵活运用却是技巧。

◇ 简明扼要，切中要点

作为公关人员，无论面对任何媒体，都应学会把最重要的内容，浓缩成最精练的短句，以最短的时间说出。一句话，就是语要少说，说要简洁。应答记者的提问时，公关人员应该尽可能地使用简洁明白的语言，隐蔽地设定和规范出需要媒体传播的核心内容，巧妙控制媒体报道的发挥空间，从而达到更好的传播效果。与其让媒体"把关"和剪辑，不如由自己掌控发布时间和发布重点。还有一点，当回答的内容涉及些专业术语，专业知识时，采用短小精悍、鲜明活泼、字斟句酌的大众化的语言加以解释，让大家容易理解，听得明白。

◇ 沉着冷静，控制情绪

公关人员接受媒体采访时，可能会面对各种复杂的情况和刁钻的问题，有时甚至会遇到涉及个人隐私、令人难堪甚至污辱的提问，此时，公关人员必须抱着冷静、沉着的态度，迅速调整好情绪，以坚定的自信和临场发挥的能力，控制现场气氛，诚恳而巧妙地应对难题。作为一名公关人员，随时会遇到些"来者不善"的诘问和古怪刁难的盘问，一旦情绪失控，不仅会为人所趁，更主要的是破坏了自己所代表的组织的形象。所以，一定要注意控制好自己的情绪状态，既不能因为紧张而使现场冷场，又不能因情绪失常而造成气氛尴尬。因而需要在变通顺承中收放自如，在情绪转移中掌控局面，既澄清了事实，说明了真相，又活跃了气氛，维护了形象。

礼仪提醒

在有些记者带有恶意的非难性、挑衅性的提问时，公关人员要处变不惊，情绪饱满，积极应对。在遇到敏感问题时，不轻易在情绪上表现出来，同时注意在态度、语气上掌握尺度，理智地面对，控制好现场气氛，避免出现冷场，不辱新闻发言人的庄严使命。

7. 准确、精练、巧妙地应答记者的提问

公关人员应答媒体记者提问时的表述，要做到准确、精练、庄重、朴实、科学、巧妙。也就是说，无论面对什么样的提问，在应答表述时都应做到言简意赅、化繁为简、举重若轻、解疑释惑。主要要做到以下几点。

◇ 表述要准确、恰当

表述准确，是一项基本的要求。在应答提问中，只有表述准确，才能最大程度地介绍危机进展，才能实现新闻发布的意图，达到公开信息、说明情况的目的。否则，就会引起记者的误解，造成信息的首传失真，导致难以挽回的影响。**一旦表述不准确，产生歧义，要想纠正，会非常困难，很可能会形成误会、产生危机、加重危机或造成公众的失望、不信任。**

表述要恰当，是指在应答提问时所表述的内容不得使用容易产生歧义、令人费解的语言，要选用最恰当、最能表达特定事物的词汇和语言。要尽量做到使用的词汇和语言具有不可替代性，任何其他词汇都没有这个词汇更能这样确切、圆满、恰到好处地表述这一事实。做到这一点很不容易，要求回答者必须具有较强的文字功底、文字修养以及良好的语言表达能力。

使用词语要贴切，是指公关人员在回答提问时，其语言表达要注重辨

明词义，力求用词最贴切、最准确。这一点对于发布新闻的准确性极为重要。汉语词汇十分丰富，可以表达同一个意思的同义词非常多，这为准确地表达提供了有利的条件。同义词的含义非常接近，而又有着细微的差别。而同义词的使用贴切与否，则存在表述是否准确之别。因此，用词贴切与否，是表述准确与否的关键。如果应答提问的语言使用不当，可能会伤害受众的感情，产生不必要的误会，甚至可能激化矛盾。所以，要仔细分辨词语的感情色彩和风格色彩。感情色彩主要是指褒义、贬义，还是中性。风格色彩主要是指庄重还是随和，是口头语言还是书面语言。比如，传言、传闻、谎言、谣言、造谣等。

◇ 表述简练、直接、明确

记者的提问大多具有很强的目的性、针对性。一旦公关人员答复的表述啰唆、含混，就很容易引起误解。所以，接受采访时的语言表述要力求简练、直接、明快。首先，表述的语言结构要简单。要多用单句、少用复句，要多用短句、少用长句，要多用直陈、少用修辞。其次，表述中要避免语言的堆砌。**回答提问时务必要力求准确、直接、简练，避免赘余，不能故弄玄虚、故作高深**。最后表述要明快。回答提问时特别是对负面事件的回答时，最重要的是要表明立场、表明态度、表明措施、表明信心。

公关人员在回答记者的提问时，最重要的是要把事情讲清楚，把问题说明白。要努力做到言不需解、言不费解，让人一听就懂、就明白。不能有话不直说、绕圈子，或者隐晦暗示，让人从文字的背后去解读或领会出某种意图。

礼仪提醒

◇ 表述要实在、纯朴直白

公关人员应答提问的态度在很大程度上影响着回答表述的效果。回答提问的表述越是纯朴、实在、直接、明白，就越有利于将问题说清楚、把事情讲明白，达到公开信息、通报情况、统一认识、消除疑虑的目的。回答记者提问时的语言最好不要带有强烈的感情色彩，多用常用语言，不用或少用冷僻词语；多用理性的语言、少用感性语言。直接、客观地进行表述，能够使提问者的受众清楚地了解和理解正在发生的事实。尽量不使用带有强烈感情色彩的文学语言，不要通过具有感染力的描绘或渲染，刺激记者和受众的感情和情绪。

三、在危机事件中积极地引导和应对网络舆情

网络传播是网络时代的一种新兴的传播形式。今天，网络已成为逐渐取代传统媒体的新型媒体，日益显示出信息发布与传播、舆论制造与鼓动的强大功能。

与报刊、广播、电视等传统媒体相比，网络媒体具有开放度高、信息量大、互动性强等特点，它打破了传统媒体的时空界限，从而成为影响巨大、最具潜力的大众传媒。作为公关人员，在应对危机的管理过程中，不可不面对网络传播，不可不重视网络舆情。

1. 态度坦诚，在公众理解中有效引导网络舆情

在应对危机事件过程中，公关人员应采取以下三方面的做法。

◇ 真心诚意向公众说明事件真相

在危机处置中，有诚意的发生危机事件的组织的公关人员会及时向公众说明情况，必要时致以歉意，以赢得同情和理解。然而，现实中由于一些公关人员的态度不诚恳甚至说谎而导致网络舆情升温，进而演变成危机事件的事例并不少。在危机事件面前，有些公关人员在面对公众和媒体时，显得冷冰冰，缺乏同情心，引起公众反感；有的公关人员在媒体面前

漠视生命、百般推诿，频频爆出雷人话语，让公众错愕并激起了网民的愤怒；有的人信口开河，夸大其词，进一步加深了公众对政府处置危机事件不力的印象；有的领导干部则对重大舆情事件轻描淡写，推卸责任等，这些都不利于对网络舆情的引导，应当坚决纠正。

◇ 诚实坦率向社会公布真相

诚实的公关人员不会说谎，不会发布虚假信息。实践证明，公关人员在应对危机事件中，一定要说真话，不能以谎言欺骗公众，哪怕是一条善意的谎言，也会对自身形象造成致命打击。公关人员要在第一时间公布真相，杜绝不实报道。对于危机事件无论是自然灾难还是人为危机，对发生危机事件的组织的最大考验就是："该不该公布真相?" "何时公布?" "应该公布到什么程度?" 这些问题往往让危机当事人踟蹰不定，而让媒体或外界觉得发生危机事件的组织有难言之隐。一些公关人员常常为了使危机事件尽快落幕而不择手段，例如：**封锁——要媒体闭嘴；漂白——以另一个活动转移外界注意力；烟幕弹——掩盖真相；向公众宣战——讨伐批评等，这样做的结果只能是搬起石头砸自己的脚。**

◇ 态度诚恳并承担应有的责任

一个态度诚恳的公关人员在应对危机事件中要能够正确面对现实，及时回应谣言，敢于承担自身应负的责任，不回避自身问题和自己所犯的错误。实践证明，发生危机事件，公关人员在问题和错误面前，为逃避责任，开脱自己，狡辩和遮掩自己的过失于事无补，反而会加深负面形象，引起公众反感，导致网络舆情失控。因此，一定要有勇于认错、勇于揽责的光明磊落精神，做到"泰山崩于前而面不改色"。

2. 扑救负面舆情，引导网络媒体走向正面宣传

网络在危机事件的信息传播中，可能会出现一些负面新闻。公关人员如果应对不当，处理不好，反而会激化矛盾，导致事态升级，扩散危机。正确的扑救负面舆情的具体应急方式主要包括以下两种。

◇ 以积极的姿态诚恳化解负面舆情

一是要主动与网络媒体沟通。危机事件的负面报道出现后，公关人员

不能回避，要迅速调查核实，积极与媒体沟通，如披露的问题属实，就应诚恳接受批评，及时给予解决，化解负面舆情。

二是要适当进行冷处理。负面报道出现后，要尽量避免责怪媒体，以免引发进一步炒作。当然，如果负面报道片面失实，造成较大不良影响，公关人员也不能沉默以对，而要及时与记者沟通，提出更正要求，刊发后续报道，消除不良影响；若媒体坚持己见，可商请上级宣传部门协调媒体予以配合，而不是轻易打新闻官司，进一步激化矛盾。

三是要适时进行正面宣传。对于负面报道，公关人员既要及时表明自己的态度和立场，又要选择合适的时机开展各种有利于塑造正面形象的活动，将媒体的注意力吸引到正面轨道上来，引导舆论向着有利的方向发展，为处理危机事件创造良好的舆论空间。

◇ 克服不正确的伤害网络媒体的做法

一是不要发火。网络媒体不是真理的化身，不可能百分之百正确。面对负面报道，一味地愤怒和责备，无济于事。扯破嗓子与记者大吵大闹只会进一步激化矛盾，而不会改变政府形象。只有心平气和地讲道理，摆事实，才能化解矛盾。

二是不要强硬表态。公众在不明就里的情况下，一般还是相信网络媒体胜于当事者本人。看似义正词严的强硬表态并不会让公众因此相信政府是无辜的，而是只会觉得政府不负责任，甚至认为政府强硬和傲慢，结果引发更多网民反感。因此，即使网络媒体报道失实，也要严格按照有关认定程序，不能随意指责网络媒体。

礼仪提醒

　　不要对抗网络媒体。批评网络媒体只会引起网络媒体更大的反抗，激起公众对网络媒体更多的同情。网络媒体不是朋友，也不是敌人。如果坚持与网络媒体为敌，公开对抗，甚至对簿公堂，最后不论谁输谁赢，发生危机事件的组织都会形象扫地，威信全无，得不偿失。

3. 坦诚面对质疑，用事实真相去化解

坦诚面对质疑，是公关人员应对网络舆情危机应有的姿态和最佳的选择。网络媒体发展至今，已经成为信息的有力传播者和舆论的强大引导者。在网络环境下，网络中的任何个体都拥有平等的话语权、信息传播权和舆论批评权。一个默默无闻的普通人可以在网上批评、质疑一个公关人员或著名企业，而他的言论还有很大的机会被广泛传播，这在传统传播模式下是不可想象的。而且，网民还很容易集结起来，形成"群体效应"。

对公关人员处理危机事件的措施提出质疑是公众的一项基本权利。**公众质疑的目的，无非是要了解真相，要个"说法"；而接受公众质疑，让公众了解真相，又恰恰是公关人员的基本义务。**

坦诚面对公众的质疑和批评，是公关人员应有的姿态，可未必时时做得到。近年来，不少公关人员面对危机事件时，不是勇于担当，从善如流，闻过即改，而是文过饰非，工于心计，或态度暧昧，或强词夺理，或玩弄伎俩，甚至对公众的质疑横威施压，其结果是聪明反被聪明误，搬起石头砸了自己的脚。

在网络时代，应对危机过程中公关人员的一举一动都在广大网民的监督之下。面对公众的质疑，因此，一定要抛弃惯常的"捂盖子"思维，从"封堵"、"屏蔽"中走出来，把真相告诉媒体和公众。公众可以原谅错误，但不能原谅不诚实。**政府机构如果不愿意说出真相，将会招致媒体和公众的极端不信任。**

礼仪提醒

为应对公众质疑，领导干部应及时地公布事情真相，要善于整合各种资源，充分发挥传统媒体的优势，利用声像、文字在不同的媒介上公布事件的真相并进行事情追踪，加深正面报道的力度。

4. 对各类谣言要坚决地予以澄清

网络世界的信息浩如烟海，鱼龙混杂，不易于管理。网友言论自由，可以匿名发言，加上信息传播速度快，常常出现情绪化和极端化的言论。另外，大量未经验证信息的可信度不高，时有发生的网络谣言和恶意炒作也可能混淆公众视听，误导受众，甚至引发社会恐慌。

公关人员在恪守及时、客观、真实等基本原则的同时，应当尽可能提供有关危机的各种信息，帮助公众了解事件的来龙去脉，这也是应对谣言的最有效途径。**一旦有网络谣言发生，政府有关部门应当采取有效的应对措施，及时制止谣言散播。**

◇ 及时公开准确的信息，谣言止于公开

应对谣言，最重要的环节就是及时发布准确、可靠的信息。如果在引发谣言的公共事件发生初期，政府和其他权威机构将事实真相及时、公开、准确地发布出来，就能很好地遏制谣言的蔓延。因此公关人员应主动公开信息，可以通过权威网站、新闻发布会及报刊、广播、电视等便于公众知晓的方式，让公众得到真实信息，从而切实保障人民群众的知情权、参与权和监督权。

应对谣言，最好的方法就是公关人员主动发布信息。**公关人员在搜集掌握了相关信息之后，要在第一时间，用最快捷、高效的方式将真相传递给公众。**对于一些难以很快查明原因的危机事件，也不能等到所有细节都清楚了再发布信息，而是要掌握多少发布多少，多说现象，少说原因，慎下结论。

公关人员发布的信息要准确。不论是处理突发事件，还是常态化的工作，真实准确是新闻发布的第一要素。只有真实准确的信息才能消除人们的不确定性，防范谣言的产生；才能掌握信息发布和舆论引导的主动权，建立公众与政府之间的信任。

◇ 坚持正面回击，主动澄清谣言信息

面对网络谣言，"躲"和"堵"都是不可取的，必须积极主动地应对，对谣言进行积极的干预。一是要核实谣言信息。一旦网上出现谣言或类似可疑信息，公关人员要在第一时间监测到相关内容，迅速进行分析研判，就相关信息内容向主管部门求证，核实信息的真伪。二是要正面主动辟谣。网络辟谣要按照正面、主动的原则，用科学的方法来进行。**对于网上流传的谣言信息，要结合技术分析弄清谣言传播的主渠道，确定网上信息发布、论坛发帖、博客、微博等不同的网络辟谣路径。**